Marie-Luise Könneker
einfach schön und gut

verlag die brotsuppe

Marie-Luise Könneker

einfach schön und gut

Leben an den Rändern
der Konsumgesellschaft

Fotos von Ernst Fischer

verlag die brotsuppe

Inhalt

Vorbemerkungen	**9**
Wikipedia, Gong!	9
Zitate	10
1 Konsum Zwang	**13**
Eine eingebildete Krankheit	13
Ausser Rand und Band	18
Der süsse Brei	21
Allmende	22
Ausverkauf	24
2 Die Ökonomie der Gabe	**27**
Geschenkökonomie	27
Bettler	28
Potlatch	29
Affidamento	30
Beziehungsbild	32
Eremitage	33
Kleiner Hügel	34
Erblassen	36
3 Einfach leben	**39**
Abwege	39
Fasten, Sumpf	40
So kann es gehen	43
Vor Bild	43
Tag für Tag Jahr um Jahr	44
Garten Land	48

Niobe	51
Schatten	52
Idylle	55
Früher	56
Mansarde	57
Besuchsweise	58
Farm	59
Die Andacht beim Wäschefalten	62
Einzelsocken	63
Unter Strom	64
4 Vermöbelt, das Leiden am Interieur	**67**
Die Gesellschaft vom Dachboden	70
5 Rand Notizen	**73**
Begegnung	73
Autofiktion	74
Daneben	76
Wenn jemand unliniert ist	85
Bruder Tier	85
Rauer Traum	
Lawrence Ferlinghetti (1919–2021)	87
6 Exkurs: Sapiens, oder wie alles begann	**91**
Harari 1	91
Das Pandora-Projekt	94
Harari 2, Bishnoi, Magie	96
7 Entsorgte Erinnerung	**103**
Aufräumen	103

Kälte, Prokrastination	104
Versäumt	107
Verwünscht	109
Entsorgte Erinnerung	111
Haus und Haut	112
Unbehaust	113
Spielen	114

8 Aufgehoben, Assemblagen — **117**

Charles' Place	118
Krug	119
Fundus	120
Zufall, Abfall	121
Hausboot	122
Sachen	123
Stille Post, Karten und vorbei	124
Text und Textil	127
Kleider fragen	129

9 Letzte Dinge — **131**

Weg-von-hier	131
Letzte Dinge	133
Primavera	135
Sehenswert	135
Weltende	136
Alter ego	137

10 Ein Blicke, Aus Sichten — **139**

Fotos von Ernst Fischer	141

Vorbemerkungen

Wikipedia, Gong!

Wenn alle
alles
Wissen
teilen können
Wer
weiss was
stimmt
Es bringt
uns zusammen
und
unter scheidet
uns
all Wissende
und es ist
die *Frage*
ein offenes
Tor

Weil jetzt alle alles nach Bedarf nachschlagen können, schien mir ein Anmerkungsapparat entbehrlich. Um auch Lesenden, die nicht mit dem hiesigen Literatur- und Bildungskanon vertraut sind, eine Orientierung zu geben, habe ich Geburtsdaten der zitierten Autor:innen und Basisinformationen direkt angefügt.

Übernommene Begriffe, die es wert sind, sie näher anzuschauen, wurden kursiv gesetzt.

Geschlechterbewussten Sprachgebrauch finde ich angebracht, wenn auch zuweilen störend, oft aber auch lustig, denn er verändert den gewohnten Satz-Rhythmus und unterbricht das meist unbewusste *manspeaking*. (Vgl. Luise F. Pusch* 1944, *Das Deutsche als Männersprache: Aufsätze und Glossen zur feministischen Linguistik*, 1984.)

Trotzdem wollte ich nicht durchgehend gendern, das wäre mir zu doktrinär.

Leerzeilen wollen zum Durchatmen einladen.

In der Abfolge der Texte möchte ich vom Allgemeinen ausgehen, um Konkretes zu entfalten, nicht umgekehrt. Nur aufgrund einiger genereller Voraussetzungen kann ich meine persönlichen Geschichten erzählen.

Zitate

Ich finde nicht, dass man/frau sich mit Zitaten überhöht, denn das würde ein klar konturiertes Individuum voraussetzen, das sich mit fremden Federn schmückt. Mir ist bewusst, dass das die herrschende Meinung ist. Hartnäckig hält sich der längst obsolet gewordene Mythos vom künstlerischen Originalgenie.

Ich kannte vor vielen Jahren eine damals schon alte Frau, die jedes Jahr ernsthaft darauf wartete, dass sie den (Friedens-?)

Nobelpreis bekommen würde, denn sie allein hatte die Atem-Therapie erfunden.

Würde ich einen Nobelpreis beanspruchen, mindestens, dann fürs *copy pasting*, das ich für mich erfunden habe, sogar noch bevor ich kopieren konnte. Ich habe *abgeschrieben*. Seit dem Buch *Mädchenjahre* (1978) entwickelte sich meine Literaturarbeit von der Anthologie hin zur Collage, zur *lesart*.

Schon immer denke ich mir das *Ich* als Zusammengesetztes, ein fliessendes Bild (aber bitte mit Quellenangaben), das mit Wahrnehmung und Erinnerung immer neue Formen annimmt und seine/ihre Eigenart in der jeweiligen Auswahl und Verbindung zeigt.

Der von dem buddhistischen Lehrer Thich Nhat Hanh (*1926) geprägte Begriff des *Interbeing* fasst das am ehesten. Auch ich wünsche mir

»Eine Literatur der Zersplitterung, als Medium des Mitleids ... nämlich ein sich in alle Geschöpfe Zersplittern, Versprengen, Verschütten, Verteilen, Zerstäuben ...«
FRIEDERIKE MAYRÖCKER

1 Konsum Zwang

Eine eingebildete Krankheit

»Die Männer werden uns einen wasserlosen Planeten hinterlassen, auf dem selbst die Meeresoberfläche in Flammen steht und alle rasenden Gewalten ihrer kaputten Technologie ungebändigt herumtoben ... Wir werden eingespannt sein in dem Leistungsprozess, die Überreste der Natur zu retten. Unangenehm.« CHRISTA REINIG, 1986

Sogar im Diskurs des Mainstreams verbreitet sich, besser spät als nie, mittlerweile die Einsicht, dass die vorherrschende Lebensweise keine Zukunft hat.

Ein halbes Jahrhundert, fast mein ganzes erwachsenes Leben lang, haben wir gewarnt und gehadert, *no future* auf die Wände gesprüht, und nicht viel mehr als ein Achselzucken erreicht.

Geschäft ist Geschäft.

»Geht doch rüber«, sagte man den Protestierenden in West-Berlin, das ist nun auch vorbei. Konsumrausch entgrenzt, er ist giftig und süss und kostet den klaren Kopf.

Schuldzuweisungen bringen allerdings wenig, ausserdem sind Frauen mitbeteiligt.

Veränderung mag ausgehen von denen, die sich Worte zu Herzen nehmen, wie sie vor über zweitausend Jahren dem chinesischen Philosophen Lao Tse zugeschrieben wurden, dem »Alten Meister«.

Wer sein Herz an andres hängt,
verbraucht notwendig Großes.
Wer viel sammelt,
verliert notwendig Wichtiges.
Wer sich genügen lässet,
kommt nicht in Schande.
Wer Einhalt zu tun weiß,
kommt nicht in Gefahr
und kann so ewig dauern.

Laotse, Tao Te King, um 400 v. Chr.

Einen angeblichen Konsum-*Zwang* mit ökonomischen Vorteilen zu begründen und zu rechtfertigen, erscheint angesichts der ökologischen Sachlage zynisch.

Der anstehende Paradigmenwechsel, hin zur Realisierung allgemeiner Verbundenheit und Interdependenz, dem *Interbeing*, ist kaum möglich ohne Selbstreflektion.

Schon das Wort *Verbraucher* bezeichnet eine Identität, in der Vernichtung und Verwüstung von Ressourcen, des *Verbrauchten*, enthalten sind, *Nutzer* ist nicht besser.

Um einen freundlicheren Umgang zu lernen, müssen wir uns den Wurzeln des Übels, den Ursachen der Zwangskrankheit, von der unsere Gesellschaften befallen sind, nähern.

Unter psychischem Zwang, also beherrscht von dem unwiderstehlichen Bedürfnis, die jeweilige Zwangshandlung zu wiederholen, gehorchen die Kranken entgegen aller Vernunft.

Sonst bekommen sie Angst, fühlen sich leer und unbehaglich.

Ob das nun Wasch-, Kontroll- oder andere Zwänge sind, unter denen sie leiden, Zwangskranke versuchen, wenigstens im Bereich ihrer Zwangshandlungen, Ordnung ins Chaos zu bringen.

Zwanghaftes Konsumieren ist für die befallenen Personen und ihr Umfeld eine imaginäre, aber schmerzhafte Krankheit, weil sie auf der Empfindung von Mangel und Entbehrung beruht, zu einem Ersticken an Dingen, *stuffocation* (James Wallman, 2015), führt und weitreichende Entsorgungsprobleme verursacht.

Eingebildet ist der vorgegebene *Zwang*, immer mehr und immer neue Dinge zu kaufen, in doppelter Hinsicht, aktiv und passiv. Er wird uns eingebildet, nicht nur durch Werbung und Propaganda, sondern wirksamer noch durch das Beispiel unserer Mitmenschen und durch das allgegenwärtige Schaufenster eines Konsumparadieses, in das auch wir gelangen, sobald wir die Waren kaufen, aus denen es zusammengesetzt ist.

Es gibt einen Thriller von Stephen King, *Needful Things* (1991), in dem der Teufel einen Laden aufmacht in einer Kleinstadt, der unter allem scheinbaren Ramsch für jede:n etwas enthält, das er oder sie unbedingt haben müssen, koste es was es wolle. Die Jagd nach diesen Dingen verwickelt die Bewohner:innen der Stadt bis zu ihrer Auslöschung.

Gezeigt wird, dass das Bedürfnis nach scheinbar unbedingt nötigen Dingen rein mental sein kann, eine *fixe Idee*.

[Laut Wikipedia definiert das Deutsche Wörterbuch *fixe Idee* als »eine Vorstellung, die die Seele unaufhörlich und alle andere Vorstellungen beherrschend, einnimmt«.]

Jede Person, die den Teufelsladen betritt, hat eine besondere Geschichte, die sie zu dem Wunsch nach dem betreffenden Objekt führt.
Alles Einbildung? *Falsche Bedürfnisse?*

So wie Arzt und Apotheker bereits am Leiden von Molières *Eingebildetem Kranken* (1673) sehr gut verdienten, lebt ein Grossteil der Konsumindustrie von der Verblendung ihrer Kundschaft.

»Die objektive Seite der Verblendung, die dafür verantwortlichen politisch-ökonomischen Mechanismen, die den gesellschaftlich notwendigen Schein der Verhältnisse erzeugen, im kritischen Begriff aufzuheben, ist die Voraussetzung, um Verhältnisse zu schaffen, die das Falsche überwunden haben. Solange dies aber nicht gelingt, ist es wichtig, die kollektiven Wahnsysteme, die durch Kapitalismus, Nationalstaat und die Normalformen bürgerlicher Gewalt bedingt sind, in Schach zu halten.«
KLAUS STEFFEN MAHNKOPF, KLEINER VERSUCH ÜBER FALSCHES BEWUSSTSEIN, ZEITSCHRIFT FÜR KRITISCHE THEORIE, 2010

Die Einbildung, konsumieren zu *müssen,* wird man mit der Zeit bestimmt selbst in der Grosshirnrinde der Betroffenen verorten können.
Aber die Deformation muss nicht endgültig sein. Verhaltenstherapie und andere (Lebens-) Reformbewegungen haben gezeigt, dass und wie das möglich ist:

Die ebenso vernünftigen wie heilsamen Formeln –

Teilen hilft heilen
small is beautiful
weniger ist mehr
global denken, lokal handeln –

sollten besser nicht dem *Wollen,* sondern dem Möchten eingeprägt werden. Nur so macht auch das handlungsrelevante Unterbewusste mit.

Emile Coué, Erfinder der *Selbstbemeisterung,* (1857–1926), stellte dem *Willen* die *Einbildung* gegenüber und behauptete, wenn beide Verschiedenes anstrebten, unterliege ausnahmslos der Wille. Deshalb arbeitete er an der *Einbildung,* der *Autosuggestion,* um unerwünschtes Verhalten zu ändern und hielt Strafe, Zwang und die daraus resultierende *Willens*anstrengung für unwirksam, wenn nicht kontraproduktiv.

Seine Methode versucht, die dem Individuum schädliche Selbstsuggestion – beispielsweise: *ich MUSS das haben!* – durch eine günstigere zu ersetzen – etwa: *es geht auch ohne* –, nicht angestrengt, sondern entspannt.

Weniger unter der Keule der *Katastrophen-Pädagogik,* nämlich dann, wenn wir nicht mehr anders können, lernen wir optimal als durch wohltuende Erfahrungen.

Sonst erhöht sich zwar der Druck – auf Institutionen, auf das individuelle Verhalten, trägt aber damit zum Problem bei, nicht zur Lösung.

Ausser Rand und Band

Anders als der historische Materialismus und Erich Fromm (*Haben oder Sein*, 1976) postulierten, geschieht Veränderung des Ganzen oft durch Einzelne, die in kein Schema passen, deren gelebte Beispiele im Gesellschaftsteig wie Hefe wirken, vom Rand her, der Grenze, in Nischen, im Untergrund, in der Poesie.

Im Film *Nostalghia* (1983) von Andrej Tarkowskij tritt eine Gruppe von Freaks auf, die sich auf der Spanischen Treppe in Rom versammeln, und einer von ihnen, mit Down Syndrom, spricht ins Mikrofon:
»Müssen euch denn die Verrückten sagen, was los ist?«
In der Tat war es immer schon das Los der Narren und Aussenseiter, das gesellschaftlich Verdrängte zur Sprache zu bringen.

Hagazussa, zum Beispiel, die Zaunreiterin, Urbild der Hexe, befindet sich zwischen Wildnis und Zivilisation, zwischen allen Stühlen, eben dort, wo sie zu ihrer Kraft kommen kann.

»Sie ist Grenzgängerin zwischen den Welten: zwischen ... Bekanntem und Unbekanntem, Drinnen und Draußen, Dies- und Anderswelt. Eigentlich aber steht sie in beiden Welten gleichzeitig, mit einem Bein auf dieser, mit einem auf der anderen Seite des Zauns.«
SABINE SCHLEICHERT, HEXENPROZESSE IN VORDERÖSTERREICH, 1996

Ränder, die allgemein eher als Problemzonen angesehen werden, schätzt die *Permakultur* als besonders fruchtbar und artenreich. Sie legt Beete nicht wie die Monokultur in geraden Reihen an, sondern möglichst kurvig, spiralförmig, um Berührungen zu schaffen zwischen kleinen Biotopen mit jeweils eigenem Mikroklima.

Grösse, die auf unkontrolliertem Wachstum beruht, kann bekanntlich als solche zum Problem werden.

Wenn das Dorf zur Agglomeration verkommt, die Stadt zur Megacity sich aufbläht und das soziale Gefüge unterminiert, bleiben für Aussenseiter:innen nur Nischen bewohnbar.

Eine von mir verehrte Einzelgängerin war die Dichterin Christa Reinig (1926–2008). Mit der Lektüre ihrer lakonischen Verse habe ich meine letzten Gymnasialjahre überstanden. 1964 kam sie zu einer Lesung ins Stadttheater von Wolfenbüttel, wo ich zur Schule ging, sie hatte kurz zuvor, nach dem Tod ihrer Mutter und dem Empfang des Bremer Literaturpreises, die DDR verlassen können.

Einige ihrer Gedichte kann ich immer noch auswendig.

Sie war ein Kellerkind in Ost-Berlin gewesen, unehelich, Mutter Putzfrau. Während des Krieges war sie Fabrikarbeiterin, hatte als Trümmerfrau und Floristin den Kriegsschutt weggeräumt, dann Kunstgeschichte studiert, als Kustodin im Märkischen Museum gearbeitet. Sie wurde mit Publikationsverbot belegt, ihre Gedichte konnten nur im Westen erscheinen. Ausserdem war sie lesbisch, aber das ahnte ich damals nicht.

»mein besitz
… ich habe eine schnapsflasche mit zwölf gläsern für mich
und alle meine onkels und tanten
ich habe eine kaffeekanne mit vier tassen für mich
und meine drei besten freundinnen
ich habe ein schachbrett mit schwarzen und weißen steinen
für mich
und einen freund
ich habe gar keine freunde einzuladen
niemanden.«

Diese Bestandsaufnahme führt dann in der dritten Strophe zur Befreiung – vom Interesse an Besitz, stattdessen zum Leben in der Sprache:

»… ich habe ein lied endlos und endlos
darin ein und auszuatmen
ich habe nicht mehr als ein gras zwischen zwei pflastersteinen
nicht mehr zu leben.«

In einer reichen Gesellschaft arm sein sei leicht, wissen Habenichtse und Schnorrer, arm sein unter Armen, nur das sei schwer.

Während wir im Herzen Europas im Überfluss leben und gut etwas zurückstecken könnten, ist unser Bewusstsein beherrscht von Mangelphantasien.

Angst essen Seele auf (Film von Rainer Werner Fassbinder, 1974).

Im persönlichen Leben begegnet man/frau Krisen am besten mit Fasten, es stärkt die mentalen und die physischen Kräfte. Das hat die Wissenschaft nun herausgefunden, und es wäre wohl auch gesamtgesellschaftlich angezeigt.
Weniger kaufen, weniger brauchen, das kann nicht so schwer sein, aber wenn das *Haben* das *Sein* unterdrückt, kommt nur langsam ein Prozess in Gang, der die Stellung des und der Einzelnen zum Ganzen verändert.

»I wanted to change the world
and could not even change my underwear.«
JOHN GRANT, QUEEN OF DENMARK, 2010

Zwischen der individuellen und der gesellschaftlichen Veränderung besteht ein dialektisches Verhältnis.
Die neue Front ist mein Körper. Das will verdaut werden. Viele Fragen stellen sich:
Was unterscheidet Anorexie und Askese – der höhere Zweck? Die Freiwilligkeit? Der Ekel?

Der süsse Brei

Es war einmal ein armes, frommes Mädchen, das lebte mit seiner Mutter allein, und sie hatten nichts mehr zu essen. Da ging das Kind hinaus in den Wald, und da begegnete ihm eine alte Frau, die wusste seinen Jammer schon und schenkte ihm ein Töpfchen, zu dem sollt es sagen: »Töpfchen, koche«, so kochte es guten, süßen Hirsebrei, und wenn es sagte: »Töpfchen, steh«, so hörte es wieder auf zu kochen. Das Mädchen brachte den Topf seiner Mutter heim, und nun waren sie ihrer Armut und ihres Hungers ledig und aßen süßen Brei, so oft sie wollten.

Auf eine Zeit war das Mädchen ausgegangen, da sprach die Mutter: »Töpfchen, koche«, da kocht es, und sie ißt sich satt; nun will sie, daß das Töpfchen wieder aufhören soll, aber sie weiß das Wort nicht. Also kocht es fort, und der Brei steigt über den Rand hinaus und kocht immerzu, die Küche und das ganze Haus voll und das zweite Haus und dann die Straße, als wollt's die ganze Welt satt machen, und ist die größte Not, und kein Mensch weiß sich da zu helfen. Endlich, wie nur noch ein einziges Haus übrig ist, da kommt das Kind heim und spricht nur: »Töpfchen, steh«, da steht es und hört auf zu kochen, und wer wieder in die Stadt wollte, der musste sich durchessen (Brüder Grimm, *Kinder- und Hausmärchen*, 1812–1858).

Allmende

Als ich ein Kind war, hatte unser Dorf an seinem Rand hinter dem Freibad einen Acker, der *die Rotte* hiess. *Rotte* bedeutete *gerodetes* Land, das denjenigen Einwohnern zur Verfügung stand, die keinen eigenen Garten hatten. Dort konnten sie anbauen, Gemüse, Kartoffeln, Blumen. Das war ein letzter Rest vom Gemeineigentum der *Allmende*, die im Verlauf von Jahrhunderten, während der von Karl Marx so genannten *Ursprünglichen Akkumulation* (von Kapital), reduziert und privatisiert wurde.

Der historische Verlust der *Commons* geschieht in einem langen schmerzhaften Prozess der Vereinzelung.

Das private Konsumangebot versucht, den Mangel an befriedigenden sozialen Beziehungen, verbunden mit der Erfahrung von Abhängigkeit und Autonomieverlust, zu kompensieren, ohne Erfolg, aber zum Glück gibt es viele neue Formen des Teilens und Mitteilens, von Car-Sharing bis Wikipedia.

Ich kann mich noch an eine Zeit erinnern, bevor der Kühlschrank in jeden individuellen Haushalt kam, da gab es das gemeinsam genutzte Kühlhaus, in dem alle Dorfbewohner Fächer mieten konnten.

Die Apfelbäume an der Chaussee wurden im Herbst zum Abernten verlost.

Wir brachten unsere vorbereiteten Kuchenbleche zum Backen in die Gemeindebäckerei, die auf der Leine getrocknete Tisch- und Bettwäsche zum Glätten zur *Heissmangel,* so hiess das, und fassten selbst mit an.

Der landwirtschaftlichen *Hauptgenossenschaft,* in der er Mitglied war, lieferte mein Vater Getreide und Zuckerrüben und bekam in der angegliederten Spar- und Darlehenskasse (Raiffeisen) seinen Erlös gutgeschrieben.

Zu Familienfesten haben wir immer ausser Torten auch Unmengen an Streuselkuchen gebacken, die in den umliegenden Häusern verteilt wurden.

Wenn ein Schwein geschlachtet worden war, trugen wir frische Brühe zur Nachbarschaft und liessen die Wurstdosen beim Schmied verschliessen.

Bei all diesen Gelegenheiten trafen wir aufeinander, tauschten uns aus, aber schleichend löste sich spätestens Anfang der sechziger Jahre der soziale Zusammenhalt auf. Von der Strasse waren nicht nur Hühner, Gänse und Pferdefuhrwerke verschwunden, sondern auch die zugehörigen Menschen.

Ausverkauf

Im Kaufen verlaufen
Verrannt
In vielfache viehfache
Abhängigkeiten Fetisch
Der Ware Tanz
Wut
An der Kette im Kälber Marsch
Um das globale Gold
Blutende Kalb shoppend
Den Planeten zertrampeln
Ganz arg

Los

Ariadne
Dein Faden
Führt
Es geht nicht so schnell auf
Umwegen
Spiralförmig ins Zentrum zu
Ungeheurer
Freiheit
Vom Verbrauch
Ein Gespenst geht um
Nein ein heiss
Luftiges Monster aus
Trust

Aufgeblasen getragen
Von allen

Los

Lass
Es uns löchern denn
Jeder
Unterlassene Kauf
Zählt bis

Es zerfällt

2 Die Ökonomie der Gabe

Geschenkökonomie

»Sei was du bist / gib was du hast.«
ROSE AUSLÄNDER

Vieles ist käuflich, wird zur Ware, sogar Gesundheit bis zu einem gewissen Grad, Kultur, Bildung, Geselligkeit, neben allen materiellen Gütern.

Ein radikal anderer Entwurf ist die Geschenkökonomie. Hier gibt es keine Abkapselung, geschenkt wird in Beziehung, und Geschenke zirkulieren, wandern von einem/einer zu anderen. Behalten ist schändlich.

Der Zusammenhalt ist stärker und unmittelbarer, weil jedes Geschenk unabdingbar ein Gegengeschenk verlangt.

Wenn in einer traditionellen Gemeinschaft, die sich durch wechselseitige Geschenke verbindet, eine Person zu Reichtum kommt, sind bedürftige Verwandte und Nachbarn sogleich zur Stelle, und der Überfluss versickert wie Wasser im ausgetrockneten Boden.

Bedürftigkeit wird nicht als persönliches Problem gesehen, sie wird von der ganzen Gruppe empfunden, und der Reichtum fliesst zu denen, die ihn brauchen, ohne Nachdenken oder Diskussion, so wie Wasser sofort fliesst, um die tiefste Stelle zu füllen (Lewis Hyde, *The Gift*, 1983).

Lange Zeit konnten Geschenk-Ökonomie im Inneren einer überschaubaren Gruppe und Handel mit Aussenstehenden koexistieren, bevor das kapitalistische Profitsystem alle Lebensbereiche durchdrang.

Bettler

Satish Kumar (S.K., *Elegant Simplicity*, 2019) gehörte in seiner Kindheit und Jugend der radikalen Sekte der Jain an, deren »ethischer Rigorismus« (Wikipedia) jeden persönlichen Besitz verbot. Er ass als Bettelmönch nur, was man ihm gab. Später schloss er sich Gandhi an und reiste mit einem Gefährten ohne Geld und zu Fuss von Indien und Pakistan über Moskau nach London und Paris, schliesslich per Schiff auch nach Washington, um die Atommächte um Frieden zu bitten.

Sich auf Geschenke angewiesen zeigen, das erscheint hier als Ausdruck äusserster Demut. Gleichzeitig weisen Bettelnde die Gebenden oder Nichtgebenden daraufhin, wer sie sind in diesem Moment.

»Die Bettlerschale des Buddha repräsentiert die Offenheit gegenüber dem Geschenk des Seins, wenn Mönche betteln, so nicht als selbstsüchtige Personen, die von jemand anderem etwas bekommen wollen, sondern sie öffnen sich der Interdependenz aller lebendigen Wesen, die der Idee von Compassion und Empathie zugrunde liegt. Es ist ihre Aufgabe, das, was leer ist, von Tür zu Tür zu tragen. Sie machen keinen Profit, bleiben nur am Leben, falls das Geschenk sie erreicht. Ihr Wohlergehen oder ihre Not spiegeln den Zustand der sie umgebenden Gesellschaft.«
Robert K. Merton, nach Lewis Hyde, The Gift

Potlatch

Im Potlatch, einem Fest der Geschenke, veranstaltet von den Eingeborenen an der Nordwestküste Amerikas, überboten sich die Häuptlinge mit der Fülle und Kostbarkeit ihrer Gaben, der sie ihr Prestige verdankten. Schliesslich, als sie am Ende des neunzehnten Jahrhunderts das Ende ihrer Kultur gekommen sahen und bereits von der Marktökonomie überrollt wurden, gaben sie alles weg, in einer sonderbaren Verbindung von Grosszügigkeit und Verzweiflung entledigten sie sich der Objekte, die ihre indigene Kultur zerstörten, ihr Sinn und Perspektive nahmen.

Sie stapelten Hunderte maschinell gewebter Decken am Strand auf, warfen Nähmaschinen ins Meer, fackelten ihre Behausungen mit Fischöl ab (cf Lewis Hyde, *The Gift*).

Manchmal, wenn ich zusehe, wie Kinder hierzulande an Weihnachten oder Geburtstagen mit Geschenken überschüttet werden, in einem anderen Kontext und zweifellos mit den liebevollsten Absichten, kommt mir unwillkürlich das Bild dieser überlieferten Entäusserung vor Augen, und vielleicht versuchen wir, über der Sturzflut der Präsente zu vergessen, wie wir gleichzeitig dabei sind, zukünftiges Glück von Gebenden und Nehmenden aufs Spiel zu setzen.

Affidamento

Das italienische Wort »Affidamento«, das Ende der Achtziger Jahre von Feministinnen gebraucht wurde, um frauenidentifiziertes Handeln zu bezeichnen, bedeutet ursprünglich »Vertrauen«.

Menschen sorgen ohne Gewähr füreinander, ohne Bürokratie oder Rechtsanspruch, möglichst ohne gegenseitige Abhängigkeiten zu schaffen.

Das gelingt nicht immer.

»Die Freundschaft welkt im Rechnen mit Prozenten.
Bald siehst du ein, dass niemand helfen kann.
Du stehst allein. Und die dir helfen könnten,
Die sagen höchstens: ›… rufen Sie mal an!‹«
MASCHA KALÉKO, NEKROLOG AUF EIN JAHR

Aber es gibt Ausnahmen.

Brief an E.:
Deine Askese, deine Bescheidenheit und Anspruchslosigkeit passten mit meiner Anorexie gut zusammen.

Lieber in zerlöcherten Schuhen gehen, aber frei sein (Louise Bourgeois, 1911–2010), als irgendwo hinter einem Schalter oder Tresen sitzen, das sprach mir aus dem Herzen. Dass ich dann in den Armen einer wohlhabenden Schweizerin sanft gelandet bin, mag keine rühmliche Geschichte sein, schon gar nicht für eine Altachtundsechzigerin, so betrachtet.

Bis in alle Ewigkeit kann ich schwören bei allem was mir heilig ist, dass es deine Anmut war, die mich betört hat. Schon auch die Aura: Professorin! Aus Bern! An mir interessiert! – hat mitgespielt, aber ohne deine Augen, dein Lächeln, deinen Wagemut, deine Klugheit, deinen Witz, ach immer weiter könnte ich aufzählen … (die schönste aller Frauen, sie schenkte mir Vertrauen) – wäre nichts geschehen.

Das Geld spielte keine Rolle. Aha.

Dass nur schon dieses schöne von uns gemeinsam bewohnte Haus zu halten, viel Geld kostete, betraf mich scheinbar nicht, ich hielt mich raus. Die altmodisch gediegene Umgebung entsprach meinem bäuerlichen, während der politisch aktiven Zeit nur verdrängten Hang zur Bourgeoisie, wie du das lächelnd nanntest.

Du hast über lange Zeit alternativen Projekten und vielen Frauen in schwierigen Lebenslagen geholfen und auch mir die Freiheit geschenkt zu tun, was ich will. Ich behauptete meine Autonomie und Nützlichkeit, indem ich versuchte, im Haushalt zu sparen und viel Zeit verbrachte, um im Brockenhaus und auf Trödelmärkten nach allem Notwendigen zu fahnden, Budget-Produkte einzukaufen. Du hättest mich lieber als Schriftstellerin gesehen, sicher nicht als deine Hausfrau. Mir fiel wenig Text ein damals, im fremden SprachRaum musste ich mir die Wörter aus der Nase ziehen, aber unseren kinderreichen Frauenhaushalt fand ich spannend und verstand meine Arbeit als Feldforschung.

Wir wollten unsere Geld-Geschichten auseinanderhalten, du hast darauf bestanden, dass ich finanziell selbstständig bin, Geld verdiene.

Ich habe das nur zum Teil geschafft.

Beziehungsbild

Du warst mein Polster
ich dein Kissen
wir wirkten manchmal arg verschlissen.
Jedoch im Unterschied zu Samt und Seide
tat uns Aufliegen nichts zuleide.
Es ist der Nichtgebrauch, der strapaziert
und das Verhältnis kompliziert.

Mein unsicherer Status sowie Eigensinn und Unnachgiebigkeit auf beiden Seiten führten zu zeitweiser Trennung, aber die hat uns gutgetan.
 Es waren unsere besten Jahre, als jede ihren eigenen Platz hatte, wo wir einander besuchten.

Ich konnte meinen über die Jahre hin ausbauen, verfügte über etwas Geld von zu Hause, später ein bisschen AHV und die Pension, die du mir wegen jahrzehntelanger Haus- und Beziehungsarbeit grossherzig ausgesetzt hast, ausserdem so manche Geld- und andere Geschenke, liebevolle Unterstützung generell.

Beschämend, von Geld spricht man nicht, jede, jeder denkt sich ihren, seinen Teil, für gewöhnlich blende ich das komplett aus.

Berechnung, Korrumpierbarkeit – das wären die schlimmsten Vorwürfe.

Darum darf ich nichts für mich behalten, ich verdiene das nicht, brauche das nicht.

Das, erfahre ich, ist eine der verbreiteten Geschichten von ewig Geldlosen, Geschichten, die ein Leben lang funktionieren.
Scham und Zweifel, Kosten des Rückzugs, die prekäre, die bedrohte *Idylle*.

Meine *Innerlichkeit,* meine Arbeit und mein Nachdenken hier an diesem schönen Ort, ist weniger durch Macht (cf Thomas Mann, Idylle als »machtgeschützte Innerlichkeit«) als durch Zuwendung und Liebe gestützt, geschützt, deswegen nachhaltiger, hoffentlich. Macht tendiert immer wieder dazu, informelle, auf Treu und Glauben beruhende Verhältnisse zu erodieren. Insofern verläuft hier auch die Front.

Eremitage

T. und ich haben uns im Internet gefunden, und zwar auf der *Seite für Einsiedler.*
Wahrscheinlich wissen deren Betreiber nichts von Achim von Arnims *Zeitschrift für Einsiedler,* erschienen von April bis Oktober 1808, und finden nichts dabei – es macht doch Sinn, die zu verlinken, oder?
Dass es diese Website gibt, wussten wir beide nicht, bis wir auf Grund unserer Anfragen dorthin geführt wurden, weil nämlich er sich als Einsiedler bezeichnet und ich eine Einsiedelei angeboten hatte.
Da er, wegen was auch immer, Knall auf Fall die deutsche Arbeitswelt verlassen hatte, ohne Krankenkasse, Sozialhilfe, Job etc., besass er nichts ausser seinem Kater, einem alten Fiat, einem Computer, seinem Wissen und seiner Geschicklichkeit.

Bei mir konnte er sich eine unbehelligte Bleibe schaffen, nach zehn Jahren siezen wir uns noch immer, und dabei bleibt es. Ich zahle seine bescheidenen Lebenskosten, er hütet Haus und Grundstück, hilft, wo er kann, das ist alles.

Kleiner Hügel

Das tollste Teil, das mir und meinem Haushalt jemals geschenkt wurde, ist ein Elektrofahrrad.

Es hat das autofreie Leben hier um vieles verbessert, die Freiheit der Bewegung in einem grösseren Umkreis ist wunderbar, der Überschwang, die Freude, die neue Lust am Fahren, bergauf, ohne sich zu erschöpfen, mit moderater Anstrengung, dann der Rausch bergab ...

Mein Grossvater, der leidenschaftlich gern Fahrrad fuhr, hinterliess mir eine Geschichte von Till Eulenspiegels Narrheit, die er sich vielleicht selbst ausgedacht hat. Er erzählte mir, wie Till jeweils weinte, wenn es so schön bergab ging, weil es ja nun leider bald wieder bergauf ginge, und lachte, wenn er steil bergauf musste, denn bald würde er wieder bergab fahren können.

Eine Posse, die von Bipolarität handelt, von Sorge, von Zukunftsangst, die den Genuss der Gegenwart verpasst.

Das Cheix, mein *Kleiner Hügel*, so die altfranzösische Bedeutung dieses Ortsnamens, ist ein enormes Geschenk.

Fotos der Stifterfiguren, meiner Grosseltern, habe ich im Eingangsraum aufgehängt. Die vorigen Bewohner des Hauses sind anwesend in Stühlen und Bänken, im Holz der Wandverkleidung, in den Balken, Toren, Steinen, die geblieben sind. Ich versuche, zu erhalten und zu verwalten, das reimt sich.

Für die Art, wie ich es damals fand, kann ich mich nur bei mir selbst bedanken.

Im Verlauf der Suche nach einem Haus in der Nähe, das ein Freund gern kaufen würde, sehe ich, wie mühsam es gewöhnlich ist, das zu finden, was man sucht. Endlos konsultieren wir Annoncen, verabreden Besichtigungen, es ist nie etwas dabei für die Summe, über die er verfügt. Natürlich ist es mehr als dreissig Jahre später, und es zieht jetzt viele Leute aufs Land.

Wenn ich dann heimkomme von diesen Ausflügen mit Grundstücksmaklern, kann ich es nicht fassen, wie schön es hier ist.

Als damals ein grosselterliches Erbteil von fünfzigtausend Deutscher Mark nach Jahrzehnten plötzlich zur Verfügung stand, wollte ich damit ein Haus in *La France profonde,* im tiefsten Frankreich, erwerben. Die Schweiz kam nicht in Frage, zu teuer, aber es sollte nicht weiter von Bern entfernt sein, als es sich mit öffentlichen Verkehrsmitteln an einem Tag erreichen liesse. Auf der Frankreichkarte von einem Autoatlas suchte ich nach einem Gebiet mit möglichst nur gelben Strassen, die wenig befahren sind. Ich fand in passender Nähe tatsächlich ein solches Gebiet, einen Naturpark, in seiner Mitte den Namen einer kleinen Stadt, deren Namen ich kannte, weil mir in den Ferien in Avignon ein paar Wochen zuvor ein Flyer gereicht worden war, auf dem ein Marionetten-Festival in eben dieser Stadt angekündigt wurde. Wegen meiner Puppenpassion hatte ich mir den Namen gemerkt. Daher fuhren wir mit den Freunden im Herbst in diesen Ort, und als ich am ersten Morgen sehr früh in der Nähe unseres Hotels herumspazierte, um in den wenigen Schaukästen Immobilienangebote zu besehen, entdeckte ich ein Foto, von dem ich annahm, es zeige nur einen pittoresken Ausschnitt. Wir fuhren noch am selben Tag dorthin, viele Kilometer durch Wald, über einen Pass, an einen Fluss, und da lag das Cheix, und ich hatte genug Geld, um es zu kaufen.

Ohne das Cheix hätte ich mit Esther nicht leben können, oder wäre untergegangen an ihrer Seite. Wie in dem Traum, den ich in einer Krise, während einer fatalen Jura-Wanderung mit ihr gehabt hatte: Da sitze ich tief unter der Erde in einer Felshöhle, die Öffnung über mir wird mit einem grossen Stein verschlossen, ich denke: Nie wird jemand erfahren, wo ich geblieben bin.

Ich habe mit aller Kraft meiner Gedanken dieses Gewölbe durchstossen und den Traum beendet. Seitdem spätestens fürchte ich mich vor dem so gepriesenen Tod im Schlaf und wünsche mir, wenn schon, den plötzlichen Herztod.

Ist das ein guter Schluss? Nicht gerade ein Cliffhänger.

Erblassen

Ein komisches Wort ist das, denn nicht Erbleichende sind damit gemeint, wie ich lange glaubte, sondern Verstorbene, die eine Erbschaft hinterlassen haben.
Aber eigentlich stimmt beides, weil wir am Ende doch unweigerlich blass werden, bevor wir etwas hinterlassen können. Logisch, oder?

Heute fühle ich mich wie die kleine Eule auf dem von Esther gezeichneten Adventskalender, aus meinem brüchigen Körper herausschauend wie aus einem alten Baum. Ausser dass der stabil dasteht, nur stärker geworden ist mit den Jahren, so will ich auch sein. Die Eule und der Baum, und die, die sich's ansieht. Den Kalender habe ich beim Aufräumen gefunden, nur das Eulenfenster war offen, ich hatte das vorher nie angesehen.

Dass ich Esther nicht gerecht geworden bin, dass ich sie verpasst habe, in so vielem, das macht mich elend.

Auch unseren Kindern gegenüber habe ich dieses Gefühl, aber da wird doch noch weitergelebt, können Liebe und Aufmerksamkeit manches heilen. Und ich vererbe ihnen das Cheix, mein Grund-Stück, mit allem, was bisher geschafft wurde und dem, was noch zu tun ist.

Sich als Hüterin des Landes zu sehen, als *steward*, statt als Eigentümerin, anders geht es überhaupt nicht. Die Repräsentation des Einzelnen wird ersetzt durch das Gespräch untereinander, auch interspeziär.

Eine Seele könne es nicht geben, las ich neulich, da wir von Algen und Pilzen abstammten, und es doch unwahrscheinlich sei, dass sich die Seele erst im Verlauf der Evolution entwickelt habe. Wann denn? Warum? Und dass Algen eine Seele haben, wolle man doch nicht im Ernst behaupten.

»We are stardust«, sang Joni Mitchell (*Woodstock,* 1970), was brauchen wir da noch eine Seele.

»Zufällig bin ich – bis jetzt – verschont« (Bertolt Brecht), Nischenbewohnerin im allgegenwärtigen Krieg, geborgen wie das Kind unter dem Tisch, bei herabgezogener Tischdecke, während draußen die Nazis marschieren.

Ich möchte das Beste daraus machen, zum Beispiel ein *wildlife-refuge* anbieten, eine Zuflucht für wildes Leben.

Der Wunsch »Gutes« zu tun (Betonung auf »tun«: denn »Machen ist wie Wollen, nur krasser«), hat gar nicht mal moralische Gründe, sondern besteht im instinktiven Bedürfnis nach Ausgleich, nach Heilung und Bewahrung, im Hunger nach Gerechtigkeit.

Die Hoffnung auf wohlwollendes Gedenken spielt natürlich mit.
»Gedenkt unsrer mit Nachsicht« (in: Bertolt Brecht, *An die Nachgeborenen*), in seinem Fall gar nicht so einfach, denn ein »Gespräch über Bäume«, das er angesichts aller Untaten für »fast ein Verbrechen« hielt, wäre angebracht gewesen.

Es ist ein gutes Gefühl, etwas zurückzugeben, Ordnung zu hinterlassen, nicht Müll. Wenn es dann doch kaputt gemacht wird, liegt das ausserhalb meiner Zuständigkeit.

Einen kleinen *food forest* würde ich gern noch pflanzen, oben auf dem Ödland, mit dem, was dort wachsen kann: Haselnuss, Holunder, Brombeeren, Schlehen, wilden Kirschen.

3 Einfach leben

»Nichts bleibt, nichts ist abgeschlossen und nichts ist perfekt.«
»Beschränke alles auf das Wesentliche, aber entferne nicht die Poesie.«
RICHARD POWELL, WABI SABI SIMPLE, 2004

Abwege

Das Einfache sei schwer zu machen, schrieb Bertolt Brecht (über den Kommunismus, in seinem Stück *Die Mutter,* 1931), wohl wahr.

Vielleicht müssen wir uns zunächst selbst vereinfachen, dann macht sich das leichter.

Be short! – es ist lustig, all die Tipps zu lesen, die Influencer:innen ihren Lesenden geben, damit sie Geld machen können mit dem Schreiben.

Es fehlt ein bisschen an Rechtschreibung oder Grammatik? Kein Problem, nimm das Programm xy – wähl dir einfach ein paar topics, über die du Bescheid weisst, es gibt so viele clients, die Texte kaufen, auch ohne dass du einen degree oder schon publiziert hast. Das Wichtigste ist das Promoten.

Die Ratschläge sind alle ganz ernst gemeint, so soll es jeder, jedem ermöglicht werden, im home office schreibend ihr, sein Leben zu verdienen.

»I made it, you can make it too.«

Ich gerate in diese Szene über Albert Bates, (: one of my heroes! *1946) und *Medium Daily*, er, Daniel Christian Wahl (*1971) und andere schreiben dort über ihre Arbeit zu Klimaveränderung, Permakultur und ökologischer Regeneration, weswegen ich das abonniert habe. Zwischendurch gerate ich auf Abwege, lese mancherlei über Selbstoptimierung, per Tao, Stoa, Yoga, Ernährung, work out …

Viel Nützliches steht in diesen Artikeln, falls man/frau sich für Verhaltenstraining interessiert. Ich picke oft ziellos darin herum: seven points, um das Leben total zu verändern! Sofort! Nachhaltig!

Schön wäre es. »Das ist das Dienstmädchen in mir«, sagte die Tänzerin Valeska Gert (1892–1978) über ihren Hang zur Lektüre von Kitschromanen.

Also – Gewohnheit ist alles. Dass es nicht auf Willenskraft, sondern auf Gewohnheiten ankommt, auf das Training von Willenskraft durch das Etablieren von Gewohnheiten, das gehört zum Brauchbarsten, was ich mit der Zeit gelernt habe und täglich neu erfahre.

Fasten, Sumpf

Der Auslöser für persönliche Veränderung war für mich wohl das Fasten, entscheidend der Entschluss, fünf oder zehn Tage nichts zu essen, die Unmöglichkeit des Fastenbrechens, zusammen mit Esther, unter den beobachtenden Augen der Kinder. Die Erfahrung, in welchem Ausmass Verhalten und Gefühle mental gesteuert werden können, hat mich überrascht, denn im täglichen Leben bekomme ich natürlich Hunger, wenn ich nichts gegessen habe. Aber während des Fastens ändert sich das. Der Hunger verschwindet nicht gleich, wird aber unwichtig, nicht handlungsrelevant.

So war es jeweils kein Problem, fastend Essen einzukaufen, zu kochen, mit den anderen am gedeckten Tisch zu sitzen.

Die Formel lautet: Der Hunger kommt und geht.

Darum wundert es mich, wenn ich lese, dass Leute es zum Beispiel nicht schaffen, eine bestimmte Zeit nicht auf ihr Handy zu gucken.

Ich kann sehr gut während der nun mal angesetzten Schreibzeit schnell Sachen nachschauen, wenn das nötig ist, ohne mich zu verlieren. Meistens. Das ist ein Fortschritt. Und jede solche Eroberung wirkt verstärkend und entfaltet neue Möglichkeiten der Weiterentwicklung.

Ach, es ist alles eitel ...

Fasten stimuliert die Zellerneuerung, das ist wichtig im Alter, weil sich diese kleinen Zell-Stummelchen, Enden von Schnürsenkeln gleichend, Telomere, mit der Zeit abnutzen und nur erneuern können, wenn keine Verdauung stattfindet. Schon die geringste Kalorienaufnahme unterbricht den regenerativen Prozess, deshalb wird TRA (time restricted eating) empfohlen.

Friss die Hälfte, FdH, sagten wir früher.

Und tatsächlich fühlt sich mein Solarplexus morgens viel ruhiger an, seit ich auf Milch und Honig im Tee verzichte.

Darm und Gehirn sind einander sehr verbunden, das gefällt mir.

Die Behauptung des Lügen-Barons von Münchhausen, er habe sich selbst aus dem Sumpf gezogen, kommt neuerdings dem lifestyle-coaching zupass:

»... ich fiel nicht weit vom andern Ufer bis an den Hals in den Morast. Hier hätte ich unfehlbar umkommen müssen, wenn nicht die Stärke meines eigenen Armes mich an meinem eigenen Haarzopfe, samt dem Pferde, welches ich fest zwischen meine Knie schloß, wieder herausgezogen hätte.«
GOTTFRIED AUGUST BÜRGER, WUNDERBARE REISEN ZU WASSER UND ZU LANDE, 1786

Für ein anspruchsvolleres Publikum mag es unterhaltender sein, wenn die Helden im Sumpf stecken bleiben, literaturfähiger. Berichte über gelungene Lebensläufe landen in einer anderen Liga: Successstory, Lebenshilfe, Humor ...

Denn das Bild vom Gelingen muss ja so viel Störendes ausklammern, die Kosten, das Verdrängte.

Allein ist es nicht zu schaffen, »Allein machen sie dich ein«, stand am Kottbusser Tor an der Wand. Auch: »Wer sich nicht wehrt, lebt verkehrt.«

Von Kummer, Tragik, Schicksalsschlägen müssen wir lesen, weil eine:n immer das umtreibt, was sich nicht integrieren lässt. Und davon gibt es genug. Wir würden sonst ja einfach zufrieden vor uns hinleben, das interessiert niemanden.

Als lesendes Kind fand ich es allerdings immer schade, wenn das gute Ende nicht weiter ausgemalt wurde.

Es gibt kein richtiges Leben im Falschen, aber das Falsche verändert sich nicht, wenn es kein Bemühen um ein richtigeres Leben gibt.

Rezepte sind in der Literatur verpönt, sicher auch wegen Frauenverachtung. Interessant, dass es in der Lifestyle-Literatur genau umgekehrt ist und Kochbücher boomen.

Also: Mach es nur so wie ich, und du machst es immer richtig, oder? Alle, die dir etwas verkaufen wollen, arbeiten so. Ich habe das auch zu Hause, das funktioniert prima.

So kann es gehen

Versäume lebenslang
Status, Geld, Gesellschaft
arbeite hart
tanze morgens und abends
atme
verbanne Kalender und Uhren
so
kannst du alt werden
ohne
es zu bemerken.

Vor Bild

Schliesslich kommt es auf Vorbilder an, auf Modelle. In diesem Sinne beginne ich einen weiteren vorbildlichen Tag, will heute Mist auf meine neuen Beete streuen, ausserdem Sand auf die Schubkarre laden und vor die Mühle schaufeln, als Hochwasserschutz.

Es beschäftigt mich, dass Urs Jaeggi, der kürzlich neunundachtzigjährig verstorben ist, offenbar bis fast zuletzt acht Stunden täglich in seinem Atelier gearbeitet hat, ein Foto zeigt einen hochgewachsenen faltigen Alten in einem Raum voller Bilder und Skulpturen. Gymnastik und Jazz-Tanz gehörten zum Tagesprogramm. So ist dieser Mensch so alt geworden. Ich frage mich, wie er das zeitlich geschafft hat. Klar, jemand hat geputzt, gekocht, eingekauft etc., aber trotzdem.

Meine Erfahrung ist leider, dass alles unendlich lange dauert. Vorsichtige, langsame Bewegungen, Ruhepausen. Nachdem ich endlich das Duschen, Ankleiden, Aufräumen, Rudern hinter mir habe, ist der Vormittag um.

Danach wiederum ein bisschen lesen im Internet, weiss schon nicht mehr was, bedenklich, doch, über Autismus als mögliche Superpower, und von dort bin ich auf die *spoontheory* gestossen.

Die kommt aus der Behinderten-Bewegung, von Leuten, die nur begrenzt viel Kraft bzw. Energie zur Verfügung haben und sich diese visualisieren als *spoons*, Löffel, damit sie ihre täglichen Aufgaben besser planen können. Was für Normalos selbstverständlich ist, waschen, anziehen etc., kann für viele schon eine Aufgabe sein, für die sie einen *spoon* brauchen.

Das gilt für Depressive, Kranke, Alte.

»Es ist leicht, gut zu sein, wenn man Kraft hat«, wusste Adelheid Duvanel (1936–1996).

Tag für Tag Jahr um Jahr

Ich will mir darüber klar werden, wie genau ich meine Zeit verbringe, und auf der Suche nach acht möglichen Arbeitsstunden täglich zeigt sich, wie mein Leben sich verliert und verrinnt im Sortieren, Verstauen, Ordnen.

Ich gehe hin und her, streife durch den Grossen Raum, der, als ich vor dreiunddreissig Jahren hier ankam, eine Scheune war, sechs auf zwölf Meter, sechs Meter Firsthöhe, breite Objekte und Papiere auf einem riesigen Tisch aus, der früher im Pfarrhaus von Esthers Grosseltern stand.

Bei Sonne hocke ich im felsigen Wintergarten nebenan oft einfach nur da. Denke an nichts. Freue mich über das nun voll transparente Plexiglasdach, schaue den Himmel an.

Die Mittagszeit verbringe ich meist in meinem »Büro«, so nenne ich das Kleine Zimmer, weil dort Ordner und Hängeregistratur untergebracht sind, sitze im Binsenstuhl am Fenster, Porridge essend, oder im Schlafsack, wenn es kalt ist, dann schaue ich meine Mails an, lese Nachrichten, Aufsätze in *Medium Daily*, im *Guardian*, seltener ein Buch. Die Schrift ist mir oft zu klein, ich finde es angenehmer, auch Bücher am beleuchteten Bildschirm zu lesen.

Vielleicht Chat oder Telefon mit meinen Kindern.

Sehr bald schon werde ich müde, schiebe den Laptop vom Bauch, setze die Brille ab und schlafe ein. Nach ungefähr einer Stunde koche ich mir einen Schwarztee, noch immer aus dem Tee-Lädeli in Bern, Ernst hat mir das Glas mitgebracht, in dem Esther und ich unseren Ostfriesen-Tee aufbewahrten. Ich lasse ihn ziehen, kippe die kleine Sanduhr um, es dauert knapp drei Minuten, bis der Sand durchgelaufen ist. Ich nehme Hafermilch und Ahornsirup zum Tee, es ist etwa 15 Uhr.

Dann zwei bis drei Stunden irgendeine Arbeit, draussen oder drinnen, putzen, jäten, alle paar Tage fahre ich mit dem e-Bike zum Einkaufen ins Dorf. Wenn ich zurückkomme, habe ich Hunger, werde schwach in den Knien. Also koche ich mir etwas, Gemüse, Pilze, Teigwaren oder Kartoffeln, Ziegenkäse, alle paar Tage ein Ei, höre dabei Radio France Musique. Vielleicht gibt es noch ein Dessert: Soja-Joghurt mit Aprikosenkompott oder Bananen. Danach abwaschen, aufräumen, es ist 19 Uhr vorbei.

Im Winter stelle ich schon mal die elektrische Wärmedecke in meinem Bett an, schliesse die Haustür und das Tor zum Wintergarten, gehe ins Bad, richte alles für den Tee oder Kaffee am Morgen: genügend Wasser im Wasserkocher, kaltes Wasser im Kännchen, die Push-Kanne, die grosse blauweisse Tasse, den langstieligen Löffel, Teebeutel, Kaffeepulver in einer Dose. Alles hat Platz auf einem kleinen Tablett neben meinem Bett.

Im Kleinen Zimmer (sieben Quadratmeter) drehe ich den Radiator auf sein Minimum und ziehe mich langsam aus, lege die Kleider auf den »Diwan«, das ist ein schmales, zusammenlegbares Gästebett, das ich an der rechten Längswand, die das Kleine Zimmer vom Grossen Raum trennt, platziert habe und tagsüber brauche. Ich nehme den Computer vom Netz und lege ihn mit Brille im ungeheizten Schlafzimmer aufs Bett.

Endlich kann ich in mein gewärmtes Lager steigen, drei Decken über mir. Die oberste Decke, mit schwarzbuntleuchtendem Navayo-Design, wurde vermutlich in China produziert. Ich habe sie vor vielen Jahren aus Los Angeles mitgebracht und bald bemerkt, dass die gleichen auch in Bern auf dem Markt zu haben sind.

Bald ist mir so warm, dass ich die Wärmedecke ausschalte, den über die Bettdecken ausgebreiteten Schlafsack und meinen Kunstpelz-Mantel beiseiteschiebe, mich aufsetze und etwas höre oder lese, einen Film anschaue – oder schon mal eine Runde schlafe. Das sollte möglichst nicht sein, denn es macht schlaflos mindestens ab Mitternacht.

Warum schreibe ich das alles auf? Für mich ist es gar nicht uninteressant, ich lese auch gern über den Alltag anderer und komme meiner Langsamkeit auf die Spur, ohne die besonders toll zu finden. Aber insgesamt wirkt es auf mich sogar behaglich. Wäre da nicht so viel Unerledigtes. So viele Vor-haben! Das ist leicht gesagt:
Haben oder Sein.
Seinsvergessenheit (Martin Heidegger, 1889–1976), keinen Sinn mehr ausbuchstabieren, ist das ein Programm?
Zeit für Besinnlichkeit? Eher ein Wegdämmern – das ist schamvoll.
Altern als Schande. Der Trieb, sich zu verstecken, im Hintergrund zu halten, zu beobachten, schon wie aus einer anderen Zeit.

Wenn ich frühmorgens vier Stunden mit Schreiben verbringen kann, ist es gut gelaufen. Urs Jaeggi ist mein Vor-Bild, obwohl ich nicht weiss, wer jetzt auf sein hinterlassenes Werk Wert legt – Künstlernachlässe sind oft eine Belastung, je umfangreicher desto mehr – aber ihm selbst hat seine Arbeit sicher gutgetan.
Er sah straff aus auf dem Foto. Andere laufen schon mit nicht mal Siebzig am Rollator. Auch die Art des Alterns ist

nicht nur Schicksal, *Von wegen Schicksal* war der Titel eines Films (von Helga Reidemeister, 1979) über eine Frau aus dem Märkischen Viertel, einer Hochhauswüste vor Berlin.

Ich möchte auch gern tanzen, allein, ohne Programm, ohne festgelegte Schritte. Fast jede Musik regt mich dazu an. Bewegungslos Musik hören, das geht fast nicht. Wenn ich Musik am Computer höre, sehe ich mich oft noch ein anderes Programm nebenbei gucken.

Seit ich die Lautsprecher angeschlossen habe, wird der Grosse Raum zum Bewegungsraum. An guten Tagen tanze ich, sobald ich ihn betrete und die Musik läuft, manchmal sogar zum Rhythmus der Stimmen, egal was sie sagen.

Das ist etwas Neues, hat mit dem Raum zu tun, mit dem Alleinsein, mit dem Boot. Zum allerersten Mal erlebe ich den Grossen Raum in einem Kontinuum. Auch im Winter. Ich muss ja nicht stillsitzen, kann herumgehen, oder tanzend denken ...

Das Rudern tut gut, auf dem *Waterrower,* aus Holz, mit Wasserwiderstand, ein Designobjekt, natürlich geschenkt. Er steht vor dem Fenster im Grossen Raum, mit Blick auf Wiese und Bach.

Garten Land

Als ich mich damals für das Cheix entschied, ging es mir nicht um einen Garten, ich war glücklich angesichts der unverbauten Landschaft des kleinen Flusstals, in dem es sich befindet. Und zunächst mussten die Dächer erneuert und die zerfallenden Gebäude saniert werden. Das hat gedauert.

Esther hat immer wieder versucht, Gemüsebeete anzulegen, ich habe beflissen, aber innerlich etwas widerwillig mitgemacht, warum? Für mich als Kind war unser Garten, »Laubengarten« nannten wir ihn, das Paradies, eine Welt – und Gartenarbeit die Hölle. All dieses Umgraben und Unkrautjäten, womöglich als Strafe, war mir zuwider, wenn schon, machte ich mich bei der Ernte nützlich, kletterte auf Kirsch- und Apfelbäume.

Obstbäume habe ich hier leider nur wenige gepflanzt, dafür verschiedene Beerensträucher, zuletzt Aroniabeeren, die blühen weiss in vielen Vorgärten zur Zierde, und ihre Besitzer:innen wissen oft nicht, dass die Beeren zwar etwas bitter, aber essbar sind und vitaminreicher als Cassis, sie wachsen hier gut. Lange war kein Geld da für Pflanzen, auch wohl zu wenig Interesse, keine Ahnung.

Mein Nichtstun erweist sich mittlerweile als ökologischer Gewinn, hinter der Mühle dehnt sich ein sumpfiges Biotop aus, mit Fröschen und Libellen im Schilf, Weiden gedeihen am Bachufer, Holunder und Ginster klammern sich an den felsigen Grund, und die beiden Eschen neben dem Haus sind zu mächtigen, gegen Nordwind schützenden Riesinnen herangewachsen.

Der Teil der Wiese, auf dem wir neuerdings einen Boule-Platz und einen kleinen Teich angelegt haben, ist der sonnigste Teil des Grundstücks. Das gerät nun auch den nach Süden ausgerichteten Beeten zum Vorteil, die neu entstanden sind. Schon letztes Jahr hatten wir viele Kürbisse, Karotten, Kartoffeln, Mangold, Kohl und einen Wald voller Sonnenblumen, wo T.

eine ganze Tüte voller Samen ausgestreut hatte, weil er kein Vertrauen in deren Keimfähigkeit hatte.

Nach starken Regenfällen im Herbst muss ich die überschwemmten, sehr eingesunkenen Beete wieder auffüllen, mit Ginsterzweigen, Maulwurferde, Ziegenmist. Durch den Aushub für den Teich hat sich das Niveau insgesamt etwas erhöht, es gab genug Erde für ein weiteres, spiralförmiges Hügelbeet.

Jedes Jahr habe ich die besten Vorsätze, unterliege dann doch blaublütigem Beinwell, Disteln und Brennnesseln, was ja zum Glück sehr bienen-, auch sogar menschenfreundliche Pflanzen sind. Brennnesseln gibt es das ganze Jahr über, sie sind reicher an Proteinen als Linsen, enthalten Zink und viel Magnesium. Aus Beinwellwurzeln koche ich im Herbst Salbe, die hilft bei Verstauchungen und Muskelzerrungen.

T. wird wieder Salat und Kohl anbauen, auch Tomaten. Samen gibt es fast nicht mehr zu kaufen, seit Corona wird gegärtnert wie verrückt. Bald aber werden sie, fürchte ich, so wie in Frankreich bereits der Gebrauch von Brennnesseljauche untersagt ist, selbstgezogenes Saatgut, womöglich sogar eigenes Gemüse verbieten, aus hygienischen oder anderen gesundheitlichen Gründen.

Mit immer neuen Virusmutanten lassen sich in Zukunft auch absurde Einschränkungen begründen.

So also klingt die Verschwörungsgeschichten-Erzählerin in mir. Ich verstehe nicht, warum niemand auf die vielen dystopischen Horrorfilme hinweist, die vor Corona liefen, alle mit Verschwörungen im Plot: The Matrix, Der Name der Rose etc. – Wo es Verschwörungen gibt (Kennedymord, Watergate,

Irakkrieg …), gibt es Verschwörungstheorien, pflegte Esther zu sagen. So einfach.
Zur Frage cui bono, wem nützt es?, riet Brecht.

Die Isolation hier vor Ort mag zwar während der Seuche von Vorteil sein, und ich bin zum Glück seit langem daran gewöhnt, aber sie ist doch schwer durchzustehen, sobald sie nicht ganz freiwillig ist. Viele finden das Landleben ja neuerdings attraktiv, die Immobilienpreise steigen sogar in dieser gottverlassenen Gegend, und das Leben im Abseits erscheint plötzlich als Privileg.

Niobe

Von Dankbarkeit »erfüllt« sein, überströmend, manchmal gibt es das. Dafür, dass es bei so viel Ignoranz meinerseits doch im Grossen & Ganzen, diese Formeln!, bisher eigentlich gut gegangen ist, gemessen am Schicksal anderer. Dreimal klopfen, auf Holz. Aberglauben bringt Unglück!
Da ist der *Niobe-Komplex:* Wenn du froh und stolz dein Leben rühmst, nimmt dir die neidische Göttin das Liebste, sofort.
Ich erinnere mich, dass ich während des Studiums in Berlin die omnipräsente *Nike*-Statue im Lichthof der Technischen Universität, die Siegesgöttin, eine mächtige geflügelte marmorne Frau, unwillkürlich mit dem Bild und der Geschichte der thebanischen Königin Niobe verbunden habe, die sich verzweifelt von einer felsigen Klippe in die Wellen stürzt, weil die kinderlose, intellektuelle, vielfach geschickte Göttin Athene die sieben Töchter und sieben Söhne ihrer Widersacherin umgebracht hatte.

Der antike Mythos kann gelesen werden als Erzählung von einem verderblichen Kampf innerhalb der weiblichen Psyche, patriarchal überformt, versteht sich.

Schatten

Manchmal kommt es dazu, dass ich einen Tag im Bett verbringe, der beginnt zunächst nach Plan bis zum Rudern, ich habe schon eine Musik dazu eingestellt, die mir plötzlich blechern erscheint, nicht inspirierend. Im Deutschlandfunk ist auch nichts. Immer nur Pandemie, Wirtschaft, Gesundheit.

Schlaflosigkeit habe mit der Leber zu tun, erfahre ich, jeweils drei Uhr morgens werde entgiftet, und wenn dieser Vorgang gestört sei, wache man auf. Wie ich. Entgiften könne man mit Chicoree oder mit, ich glaube, Magnolienbaumrinde, und indem man den Punkt massiert, rechts oben, unter dem grossen Zeh.

Der Leidensdruck ist wohl noch nicht gross genug. Ich schleiche so durch den Tag. Habe gerudert zu »Informationen am Mittag«, deutscher Waldbericht, nur noch vierundzwanzig Prozent aller Kronen sind intakt, vor allem Fichten, aber auch Buchen und Eichen sind betroffen. Wegen Dürre, Bränden etc., »auch«, haha, wegen Klimaveränderung. Ich versuche meine Wut in meine Ruderschläge zu übertragen. Ich wusste, dass es nicht guttut, das zu hören, zwang mich dazu, weiss nicht warum.

Ja, da braucht es *Massnahmen* und wieder viele Milliarden.

Ausserdem ist es kalt und schon spät, fast Mittag. Alles hat sowieso keinen Zweck mehr. Heute.

Ich ziehe mich wieder aus, die oberen Hüllen, und krieche zurück in mein zuvor wie immer akkurat gemachtes Bett.

Und bleibe dort, geh nur raus zum Pinkeln, den ganzen langen lieben Tag.

Ich bin mein Schatten, die Träge, Faule, Gefrässige, aber ich will mich nicht beschimpfen, rede mir lieber gut zu: Ok, nun hatten wir schon lange keinen Sonntag mehr, so ist das also unser Ruhetag, und morgen geht es weiter. Die Schattenfrau will dann noch ein paarmal am helllichten Tag kurz schlafen.

Die Welt ist laut und rau, sie fasst einen hart an, es gibt Wut und Blut. Ich will nichts mehr wissen, denken, nur zurück in die Wärme, wäre der Tod nicht kalt, wäre er mein Freund.

Weil ich keine Lust zum Kochen habe, vertilge ich eine ganze Tüte mit Cranberries und Nüssen, sie liegen lange schwer im Magen.

Ich hatte den Namen der Nüsse vergessen, Cashewnüsse waren es. Wie gut, dass ich alle vergessenen Sachen nachsehen und so mein Gedanken- und Wortwerk flicken kann. Alle Altersheime sollten mit Computern für ihre Bewohner:innen ausgerüstet sein, für die Alten dort wären die ein Segen. Stattdessen werden sie abgehängt, bleiben sie abgehängt.

Ohne Esther und unsere Kinder hätte ich den Anschluss wohl nicht geschafft, sässe jetzt vielleicht auch wie eine vergessliche Alte irgendwo in einer Ecke, vom laufenden Diskurs komplett übergangen.

Das passiert ja schon oft genug, wenn die Jungen da sind. Oft reden sie undeutlich, schwer verständlich, in einem Jargon, den ich so wenig verstehe wie eine Fremdsprache.

Es hat auch angenehme Seiten, ich werde langsam unsichtbar, leichtgewichtig, sehe mich bei lebendigem Leib aus dem Leben der anderen verschwinden.

Aber für mich selbst und auch im verbliebenen Kontext ist es gut und wichtig, dass ich den Computer als Denk- und Lebenskrücke benutzen kann.

Es war insofern ein ganz netter Tag gestern.

Nachrichten verderben unweigerlich die gute Laune, *Schlagzeilen* peitschen.

Immer neue Kriege, und unsere natürlichen Lebensgrundlagen werden zerstört.

So krank alles, gleichzeitig läuft die Marserkundung, vermutlich auf der Suche nach Rohstoffen und seltenen Erden.

Die Typen (Jeff Bezos, Mark Zuckerberg, Bill Gates, Warren Buffett ...) haben uns in der Hand, ich weiss es doch. Per Satellit kann Mann jedes beliebige Gesicht erkennen und auslöschen. Demnächst vollends per künstlicher Intelligenz.

Egal, wir pflanzen hier unseren Kohl, ich habe mit dem Fahrrad Anne Sophie besucht, ihr Garten war voller Leberblümchen.

Wir konnten in der Sonne draussen sitzen, ohne Maske, ich hatte etwas Angst, denn sie arbeitet in einem Alters- und Pflegeheim als Animatorin. Sie sagt, sie trägt den ganzen Tag eine Maske, und ich hab es so viel lieber ohne. Sie gibt mir Salbei mit und *Artemisia annua,* die riecht extrem stark und gut. Sie baut die in ihrem Garten an, das will ich auch. Beifuss hilft gegen vieles.

Idylle

Viele Besucher:innen, wenn sie zum ersten Mal hierherkommen, rufen aus: »Aber das ist ja eine richtige Idylle!«

[»Zur literarischen Idylle gehört der Topos des locus amoenus, des lieblichen Ortes, oft an einem abgelegenen Quell oder in einem ruhigen Hain gelegen«, Wikipedia.]

Alles scheint zu stimmen, das Gras ist grün, der Bach plätschert, die Kühe weiden, die steinernen Gebäude sind alt. Keine Autos, keine grellen Farben, kein Plastik, nirgendwo qualmt oder scheppert es, wohltuende Stille, wenn nicht gerade der benachbarte Bauer mit seiner Mähmaschine oder der elektrischen Säge unterwegs ist.

Im Allgemeinen ist es ruhig hier, sehr dunkel nachts, sternenklar. Das regt zu intensiven Träumen an, wie meine Gäste mir berichten. Zwar donnert hin und wieder ein Überschall-Tornado plötzlich übers Dach, achtzig Kilometer von hier gibt es eine Militärbasis, und wir liegen direkt in der Flugschneise.

Aber das passiert nur alle paar Wochen, um so grösser der Schreck.

Es fällt auch nicht gross auf, dass nur noch sehr wenige Singvögel da sind, Schwalben habe ich schon lange nicht mehr gesehen. Wenn ich lese, wie viele Vögel Sarah Kirsch noch vor zwanzig Jahren in ihrem Garten gesichtet hat, Rotkehlchen, Buchfinken, Eichelhäher, Schwalben, Spatzen, Krähen, Fasanen, realisiere ich den Verlust (Sarah Kirsch, 1935–2013, in *Juninovember,* 2014).

Früher brauchten wir im Sommer Fliegenvorhänge überall, das ist nicht mehr nötig.

Früher haben die Jungs hier im Bach die Forellen mit der Hand gefangen, um sie in den umliegenden Gasthöfen zu verkaufen. Jetzt gibt es mehr Angler als Forellen.

Die Idylle ist eine Festung, die mit Bastionen der Verleugnung gehalten wird, Verdrängung ist wohl das bessere Wort, nur dass es bewusst, absichtlich geschieht, aus Selbstschutz.

Früher

Aufgewacht bin ich um 7.07 Uhr Sommerzeit – mit diesen Zahlenkombinationen sprechen die Engel zu uns, glaubt meine Nachbarin A., auf jeden Fall ist es eine schöne Zeit.

Morgenglanz der Ewigkeit breitet sich golden über den Berg, und es ist schwer, jetzt nicht einfach hinauszustürmen wie früher – früher, das war ein magisches Wort in meiner Kindheit. Früher war alles anders und meistens besser.

Früher war mein lieber Hund *Schamasch* mit mir, mein vierfüssiger sumerischer Sonnengott, und wie die Sonne selbst rollte und tollte er jeden Morgen in seinem weissen zottigen Fell den Hang hinunter. Nie mehr im Leben habe ich eine solche Freude gesehen.

Dass das Vergangene so wirklich erscheint und gleichzeitig so unerreichbar ist! Ich denke jeden Augenblick: Ist das wirklich passiert? War das wirklich ich? Und alle diese Toten, waren sie wirklich da? Habe ich das alles nicht nur geträumt?

Jetzt kann ich frühmorgens schon ohne Taschenlampe aufs Klo, das Licht! (*Licht vom unerschöpften Lichte,* Christian Knorr von Rosenroth, 1636 –1689)

Jetzt kommt das Jahr in Fahrt, das Jahr des Büffels nach chinesischer Zeitrechnung, ein starkes, mutiges Tier.

Mansarde

In meinem winzigen Berner Winterquartier, sieben Quadratmeter, so gross wie daheim das Kleine Zimmer, ist alles anders als im Cheix, weil geheizt ist. Ich muss nicht tief vermummelt unter vielen Decken im Bett sitzen, sondern kann nach dem Morgenkaffee ganz normal am Tisch arbeiten.

Beim Ausräumen sind mir viele Vernissage-Einladungen in die Hände gefallen, die jetzt etwas Besonderes sind, weil sie aus der Vor-Corona-Zeit kommen. Wie froh bin ich, dass ich noch im Februar 2020 im Prado war und den schweren Museumsführer und das Hieronymus-Bosch-Poster durch alle Fährnisse bis hierher geschleppt habe. Es ist schön hier oben, das letzte Mal.

Beim Aufwachen hing ein riesiger fetter Vollmond neben dem Kran – die Aussicht wird mir fehlen.

Obwohl ich in Zukunft ein grösseres Zimmer in der unteren Wohnung mieten kann, empfinde ich doch etwas Angst und Wehmut, die Mansarde zu verlassen, so ein liebes kleines Universum, ein Geschenk von Sabra, ein Nest, eine Zuflucht. *Gefühl und Härte,* das war ein Wandspruch.

Ein paar Bilder, Postkarten, Bücher, die ich nicht lese, meistens, die aber da sind für mich, ein paar kleine Gegenstände, fertig ist die Heimat.

Eine Phase meines Lebens, meiner Ablösung von Esther, ist zu Ende, wiederum gilt es, den Wandel zu umarmen, mit einem *Lächeln für den Planeten.*

Besuchsweise

In Berlin bin ich zu Besuch in der Siebeneinhalb-Zimmer-Wohnung, die ich im Jahr 1967 gemietet und mit sechs anderen Kommunarden bewohnt habe.

Im selten benutzten Rosa Zimmer wurde Staub gewischt, alles ist überaus prächtig. Susannas Arrangements, eingerahmte bräunliche Fotoabzüge von klassischen Ausgrabungsstätten auf einer altrosa getönten Wand, die Jugendstil-Möbel, Lampen, Geschirre, Teppiche – die verglasten Zwischentüren, die drei Meter hohe Zimmerdecke, Stuck, alles perfekt restauriert.

Till war dann doch beeindruckt von diesen Räumen, die er bewusst zum ersten Mal gesehen hat. Miro, vierjährig, begeisterte die Tapetentür von der Küche zum Blauen Salon, er möchte auch eine Geheimtür zu Hause. Susanna öffnet für ihn den Flügel, er darf ein bisschen klimpern und möchte unbedingt Verstecken spielen, bevor sie gehen.

Sehr viel von meiner Vergangenheit hängt noch in dieser Wohnung, die Susanna von mir übernommen hat und in der sie nun seit über fünfzig Jahren mit ihrem Sohn lebt.

Es ist eine denkwürdige Geschichte der *Restauration*. Soweit ich mich erinnere, war in den vorderen Räumen eine Art Lager, auf jeden Fall haben wir nach Einzug alles weiss getüncht, Möbel aus dem Bezirksamt Tiergarten besorgt, die immer noch in der geräumigen Küche stehen: ein Aktenschrank aus dunklem Tannenholz, ein grosser Tisch, viele Stühle. Im vorderen, dem jetzigen Rosa Zimmer, das ich mit H.G. bewohnte, war unsere Matratze auf Obstkisten gelegt, daneben der Korbsessel, den ich immer noch habe.

Nebenan, hinter der breiten Durchgangstür, im jetzigen »Blauen Salon«, war der Versammlungsraum der *Projektgruppe Kultur und Revolution*. Dort haben wir gemeinsam *Das Kapital* gelesen und diskutiert, Go-Ins und Strassentheater vorbereitet, Flugblätter entworfen.

In meiner ersten *Aktion* habe ich Plakate gegen Notstandsgesetze geklebt.

Farm

»... und die Treue, sie ist doch kein leerer Wahn.«
FRIEDRICH SCHILLER, »DIE BÜRGSCHAFT«, 1799

Mitte der siebziger Jahre war die Studentenbewegung fraktioniert, und eine neue Welle von Investment schwappte über bis dahin autonome Projekte. Kinderläden nahmen »Staatsknete«, Kneipen, die mit Trödel möbliert worden waren, wurden chic, Punk raste, Häuser wurden besetzt.

Unsere Fabriketage war eine eigene Welt, zu der die Tür immer offenstand. Ich schrieb meine Dissertation und entschied mich für ein Kind. Weil er sich mit dem Kunst- und Kulturbetrieb überworfen hatte, verdiente mein Partner, der zuvor sehr erfolgreiche Maler und Grafiker Gernot Bubenik, fast nichts mehr. Mit meiner kleinen Tochter im Tragetuch streifte ich durch das noch nicht sanierte und gentrifizierte Quartier und suchte nach einem Ausweg. Hinter jeder der zerkratzten und beschmierten Haustüren, die durch das Vorder-

haus in den ersten, zweiten, dritten Hinterhof führten, konnte ein geheimnisvoller Ort verborgen sein, ein phantastisches Paradiesgärtlein blühen, abseits der Misere.
Erstaunlicherweise habe ich das wirklich gefunden.

Um die Ecke, im Naturkostladen »Peace-Food«, dessen Betreiber nicht an Demos teilnahmen, weil sie eine »Neue Intelligenz« hervordenken mussten, entdeckte ich einen Anschlag, der eine Veranstaltung von amerikanischen Hippies ankündigte. Es war nicht weit, kostete nichts, ich ging hin. Da waren Leute, wie sie in Berlin bis dahin nicht zu sehen gewesen waren. Alle, auch die Männer, hatten langes Haar, Zöpfe, die über den Rücken hingen, mit Bändern durchflochten. Sie zeigten Dias vom *Longest Walk* (1978) der amerikanischen Ureinwohner, den sie begleitet und unterstützt hatten – und berichteten von ihrer home-base *The Farm,* 550 Hektar in den Korkeichenwäldern nahe Summertown, Tennessee, einer der ersten *Intentional Communities* der Vereinigten Staaten.

Im Jahr 1970 waren dreihundert Leute von der *Haight Ashbury* in San Francisco mit sechzig Schulbussen und Lastwagen aufgebrochen und vier Monate lang unterwegs gewesen, um dem Lehrer der *Monday Night Class,* Stephen Gaskin, auf eine Vortragstour durch die Staaten zu folgen und einen Platz zu suchen, an dem sie gemeinsam leben konnten.

Im eher düsteren, depressiven Kreuzberg war ich damals am meisten von ihrem gesunden Aussehen und ihrer guten Laune beeindruckt, den leuchtenden Batikshirts, der gelebten Solidarität, und dass sie innerhalb ihrer Community kein Geld brauchten. Das sei dann wohl eine Art Kommunismus, fragte jemand aus dem Publikum. Ja, aber mit mehr Spass, antwortete Stephen. Er lud mich ein, die Sache selbst in Augenschein zu nehmen. Das schien machbar, denn ich brauchte ja nur das Geld für einen Flug nach New York und den Greyhound nach Nashville. Dort würde ich abgeholt werden.

Zwei Monate später, mitten im *Indian Summer,* war ich da, mit meinem Kind. Als wir das *Gate,* das Tor zur Farm, hinter uns hatten, begann unerhörte Freiheit: kein Geld mehr, kein Alkohol, kein Fleisch, keine Waffen, kein gewalttätiger Streit, keine chemischen Drogen.

Also eine Sekte? Nein, die Gemeinschaft umfasste Christen, Buddhisten, Moslems, Juden und Atheisten, die sich auf diese Regeln geeinigt hatten. Für ihre Autarkie baute *Die Farm* Sojabohnen an, Sojamilch und Tofu wurden für alle zentral produziert. Es gab eine eigene solar beheizte Schule, eine Krankenstation, Hebammen, eine Rock'n Roll-Band, eine Druckerei, einen kollektiv genutzten Motor-Pool. Ein vegetarisches Restaurant in Nashville und eine Baufirma wurden betrieben und brachten das Geld ein, das im Verkehr mit der Aussenwelt nötig war. Die Überschüsse gingen in eine Non-Profit-Organisation, *Plenty.* Alle teilten alles und hatten sich zu freiwilliger Armut verpflichtet.

Zu jener Zeit lebten dort 1100 Menschen, davon 400 Kinder.

Wir wurden aufgenommen in einen Haushalt, der etwa fünfzehn Bewohner umfasste. Holzhäuser und Schotterstrassen waren selbst gebaut, auf dem Gelände war man mit Fahrrädern und Pferdekutschen unterwegs.

Wir waren Samstagnachts angekommen, am nächsten Morgen ging es durch den Wald zu einer grossen Lichtung, wo jeden Sonntag gemeinsam meditiert wurde. Und noch bevor ich ein paar hundert Leute auf der Wiese sitzen sah, konnte ich ihre Energie fühlen, das war unerwartet, überwältigend.

Es soll nicht verschwiegen werden: Diese Gemeinschaft lief mit Gras. Jeden Morgen nach dem Frühstück machte ein Joint die Runde, dann ging jeder und jede an die Arbeit. Und selten habe ich Menschen mehr und besser arbeiten gesehen.

Wir blieben fast drei Monate, ich wollte auswandern und dort leben.

Als ich zurückkam nach Berlin, traf ich auf Skepsis, Ablehnung. Ich wurde zum zweiten Mal schwanger, traute mir ein Leben in den Wäldern mit zwei kleinen Kindern nicht zu. Aber der Aufenthalt war ein kostbares, unauslöschliches Erlebnis, richtungsweisend, auch nachdem das Projekt ein paar Jahre später pleite war und die Geldlosigkeit aufgeben musste.

Als Dorfgemeinschaft, *ecovillage,* mit vielen der ursprünglichen Projekte besteht *The Farm* bis heute. Zusammen mit meiner erwachsenen Tochter bin ich noch einmal dort gewesen, die Schulbusse von einst standen überwuchert im Wald, und wir konnten uns gut erinnern.

Die Andacht beim Wäschefalten

Hausarbeit, besonders wenn sie einfach und repetitiv ist, führt leicht in meditative Zustände. Dabei ist man/frau nicht mit den Gedanken woanders, wie mir als Kind immer unterstellt wurde, sondern ganz nah bei Hemden und Hosen, Tüchern und Strümpfen. Es ist heilsam und beruhigend, alles glattzustreichen, Stück für Stück aufeinanderzuschichten, im Schrank zu versorgen.

Ich trage fast nur noch schwarze Sachen, nach Esthers Tod war mir die Lust an Farben vergangen, ich habe verstanden, was es heisst, Trauer zu tragen.

Nach dem einen Trauerjahr, das es erfahrungsgemäss mindestens braucht, war ich an Schwarz gewöhnt. Allenfalls von einem Halstuch oder einem T-Shirt unter dem schwarzen Pullover darf etwas Rot oder Violett, seltener Blau, hervorblitzen. Alle farbigen Kleider, buntbestickten Jacken, geblümten Hosen sind kuriose Gespenster aus der Vergangenheit, hängen unberührt auf der Stange, Zeugen einer Zeit, in der meine Welt noch in Ordnung war.

Einzelsocken

Einzelsocken existieren, weil immer wieder Dinge einfach aus dem Universum fallen, unerklärlich. Plötzlich ist nur noch einer da, der andere lässt sich nicht finden, weder unter dem Bett noch hinter dem Schrank oder in der Waschmaschine, und mit der Zeit gibt es eine Wäscheleine voller Einzelexemplare.

Sie rufen nach ihren verlorenen Partnern, meist vergebens.

Manchmal treffen sich zwei Vereinzelte und sind einfach zu schön, um weggeworfen zu werden. Bei näherem Hinsehen passen sie nicht schlecht zueinander, beide handgestrickt, der eine violett, schlicht, solide, der andere exquisit gestreift, aubergine, hellgrau, blau mit funkelnden Fäden. Und nun gehören sie zusammen, bis wieder einer verschwindet.

Das Problem lässt sich nur lösen, indem man/frau prinzipiell ungleiche oder nur noch gleichfarbige Socken trägt, am besten schwarz.

Einzelsocken weisen auf Schwarze Löcher hin, die in rasender Geschwindigkeit alles einsaugen, zuerst das Vertrauen in unverbrüchliche Partnerschaft.

Unter Strom

Für K.K.

Oh Mann, kaum bist du da, mein Guter, steht alles hier unter Strom.
Meine schon halb erstarrte, auf Sparflamme verglimmende
meine minimale Existenz
kommt wieder in Schwung, wird hektisch elektrisch.
Sicherungen brennen durch, Schalter werden umgelegt,
Wärme wird gepumpt, Luft umgewälzt, in Holz und Beton
gebohrt, gedübelt geschraubt.
Funken fliegen, Freude herrscht.
Die Kaffeemaschine brodelt. Suchmaschinen laufen.
Ich koche backe toaste grille mixe sauge für dich, nur für dich.
Das hättest du wohl gern. Meine Batterien sind aufgeladen.
Mein Angesicht leuchtet, Kontrolllampen auch.
Wenn du bei mir bist, Mann
verbrauche ich doppelt so viel KiloWatt wie gewöhnlich.
Die Rechnung kommt später.
Es werde Licht! Musik! Mach ein Foto.
Wirf den Saunaofen an, Starkstrom fliesst, alles fliesst.
Und uns wird heiss, so heiss, denn du, beim Zeus! ein
Elektronenblitze Schleudernder
Energie
Erzeugender
Verschwendender
fährst ein.

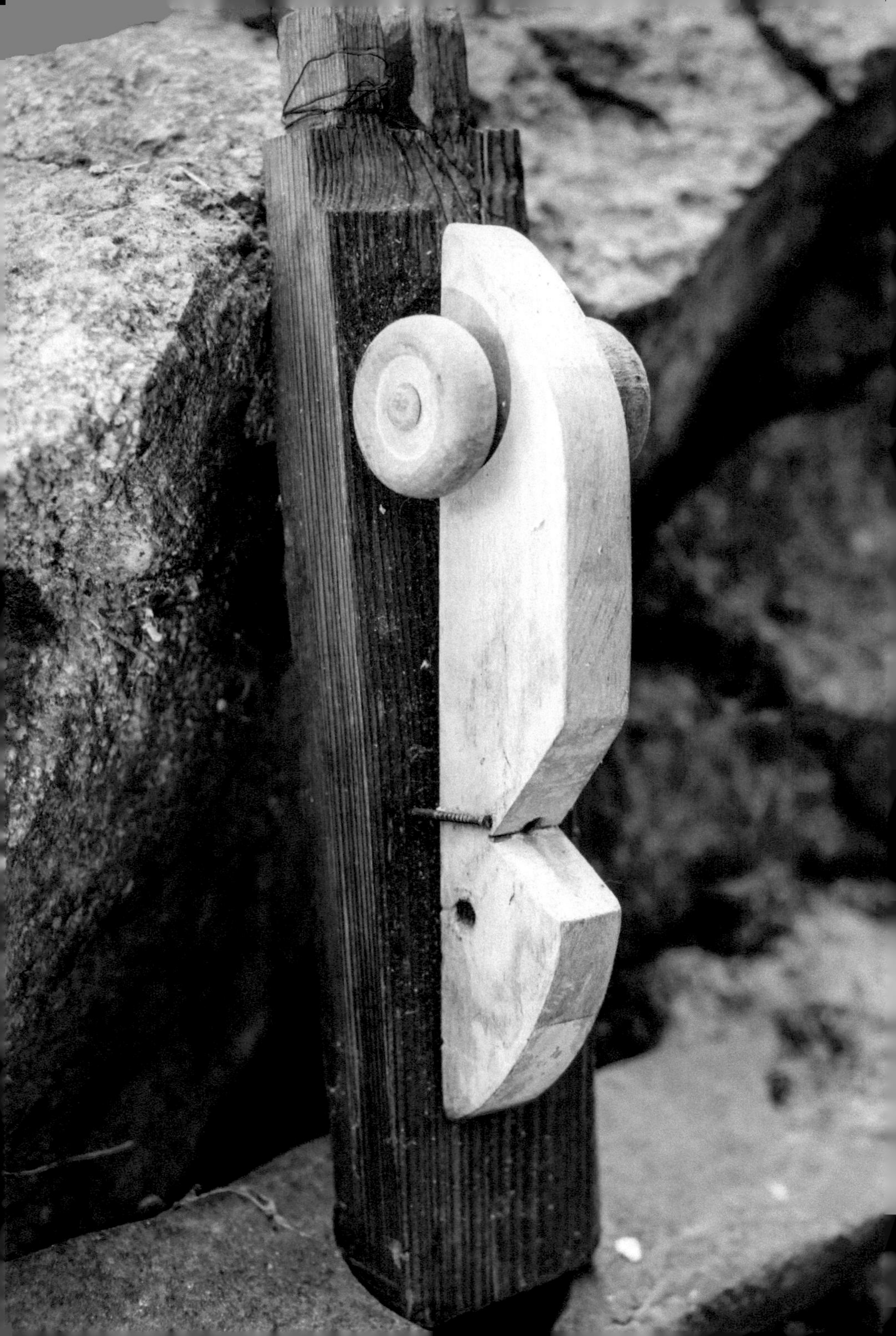

4 Vermöbelt, das Leiden am Interieur

Vermöbeln, das heisst verhauen.
 Mit einem Stuhlbein vermutlich. Man kann einem/einer auch mit einer Fussbank den Schädel einschlagen, Menschen auf Betten fesseln, Kinder in Schränke, Truhen und Kommoden sperren.

»Man kann mit einer Wohnung einen Menschen genauso töten wie mit einer Axt.«
 Das ist ein berühmter Satz von Heinrich Zille (1858–1929), der auch auf Brecht Eindruck machte. Zille zeichnete im Berliner Wedding, er wusste Bescheid, kannte die Enge und Dumpfheit der Hinterhöfe, die Feuchtigkeit, den Lärm.
 Dort ging es nicht um Möbel, man war froh, wenn man hatte. Alles passte auf einen Handwagen, wenn man umziehen musste (dargestellt im Film *Kuhle Wampe* von Slatan Dudow, Drehbuch Bertolt Brecht, 1931).
 Über ihr Interieur nachzudenken, wäre Proletariern kaum eingefallen, und auch die Dichterin Mascha Kaléko, die den schäbigen Grossstadtalltag von Büroangestellten (in ihrem *Lyrische(n) Stenogrammheft*, 1933) geschildert hat, betrachtet ihr Zimmer nur, wenn sie *krankgeschrieben* ist:

»Man sieht die Möbel an und die Gardinen,
Man kennt sein Zimmer nur vom Abend her –
Am Tage, wenn es hell und lichtbeschienen,
Da ist man irgendwo, um zu verdienen.
Und abends gibt es keine Sonne mehr.«
M.K., KRANKGESCHRIEBEN

Wir Wohlstandsverwaisten hingegen litten am Zuviel, Zuschwer, unter Stubentischen, Schleiflackbetten, Anrichten und Vertikos, in ausladenden Couchgarnituren.

Deshalb riet der Dichter Joachim Ringelnatz (1858–1929) unternehmungslustigen Kindern, heimlich Käsereste in den Sesselritzen zu verstecken, damit es so richtig schön morbide riecht (J.R.: *Geheimes Kinder-Verwirr-Buch* mit vielen Bildern, 1931).

Meine Häuser aus Luft baute ich als Kind in den Walnussbaum vor unseren Fenstern, ich hatte lange kein eigenes Zimmer. Während des Studiums waren alle gemieteten Zimmer scheusslich möbliert, ich kaufte mir einen Rattan-Sessel mit Armlehnen für die persönliche Note.

Den habe ich überall hin mitgenommen, er steht jetzt im Grossen Raum.

Hier im Cheix waren mächtige Schränke aus Buchenholz eingebaut, aber die Schranktüren fehlten. Die hatte der Erbauer des Hauses vor einhundertfünfzig Jahren selbst geschnitzt, sie wurden von Dieben abtransportiert während der langen Zeit, in der das Haus leer stand.

Es dauerte Jahre, bis ich jemanden fand, der originalgetreue Türen schreinern konnte. Auch mehrere Tische und Binsenstühle konnte ich mit dem Hauskauf übernehmen.

Aus dem Haushalt von Esthers Grosseltern wurde mir ein prachtvoller, mehrfach ausziehbarer Esstisch überlassen, der so lang und breit ist, dass er in keinem normalen Zimmer Platz hat, wohl aber bei mir in der ehemaligen Scheune.

Meine Bettgestelle sind aus Paletten gezimmert, die Bücherwand besteht aus Weinkisten. Zwei *Thonet*-Schaukelstühle, einen grossen und einen kleinen, stammen vom Flohmarkt. Eine Vitrine für meine kostbarsten Sammelstücke, die Teetassen meiner Mutter, von Esther bemalte Geschirre, hat mir T. aus einem alten Fenster gebaut.

Polstersessel und Sofas habe ich immer vermieden. Sie würden in dem feuchten Klima hier bald muffig, und wenn ich länger nicht da bin, nisten sich Mäuse ein.

Ich benutze bis heute den Weidenkorb, mit dem mein Vater vor gut hundert Jahren aufbrach von daheim, den Nähtisch, den meine Grosseltern 1924 zum siebzehnten Geburtstag ihrer einzigen Tochter anfertigen liessen, den massiven Eichenholztisch, auf dem einst das geschlachtete Schwein zerteilt wurde, die Lindenholztruhe und die Holzwannen, die mein Grossvater, Böttcher von Beruf, getischlert und signiert hat.

In einer grossen Holzkiste habe ich diese Sachen per Bahn nach Frankreich schicken lassen, konnte daher auf Ikea-Möbel verzichten, das ist gewiss ein Privileg.

Die Gesellschaft vom Dachboden

In dem so betitelten Roman von Ernst Kreuder (1946) logieren sechs dichtende, philosophierende, ihren Alltag improvisierende Freunde heimlich im Dachgeschoss eines Kaufhauses, verbergen sich in einem *Möbeldschungel* aus abgestelltem Gerümpel.

»Man wird uns ästhetischerseits, sagte Waldemar, vorwerfen, dass die Stühle nicht zum Tisch und die Gardinen nicht zur Lampe passen. Wir sind unmöglich. Ich habe manchmal das Gefühl, als ob wir gar nicht wahr wären.«

Sie sind randständig, kultiviert, beredt, nähren sich von Makkaroni, Himbeerbonbons und einigem Alkohol, wettern gegen jeglichen Tiefsinn und hirnlose Gewohnheiten, spotten über »Krematoriumslyrik« und Tatsachenprosa.

Die meisten Schriftsteller, heisst es dort, seien »zu gebildet, um Einfälle zu haben, zu wohltemperiert, zu langweilig und haben den Ehrgeiz zu schreiben, koste es was es wolle, es kostet nichts und bringt noch etwas ein. Wenn ihnen nichts einfällt, muss das Privatleben daran glauben. Auch wenn es langweilig ist. Liebe und Reisen, es wird schon gehen. Während die Katarakte der Verdammnis um sie herumdonnern, Rohheit, Herzlosigkeit und Machtgier triumphieren, schreiben sie ihren privaten Liebesroman ... Sublim, aber fade, feinsinnig, aber matt.«

In Ernst Kreuders Geschichte, einer Fabel über die prekäre Situation der off-Literatur seiner Zeit, singen die Helden zur Drehorgel im Hinterhof, laufen für Almosen auf Stelzen, tarnen sich als Angler oder Lieferanten, lesen einander vor und erzählen sich Geschichten. Frauen kommen in ihrer Gesellschaft nicht vor, einer von ihnen, heisst es, suche zwar seine Gattin, ein anderer träumt von einem Mädchen, das er vor dem Fallbeil rettet.

Ein phantastischer, anarchisch romantischer Existentialismus schafft sich hier, kurz nach dem Ende des Zweiten Weltkrieges, vorübergehend einen Rückzugsort, von dem Passanten oder Angestellte und Kunden des darunterliegenden Warenhauses keine Ahnung haben.

Die trauern nicht, leiden allenfalls an Depressionen.

»Als ob die Traurigkeit, die den Menschen zu jeder Stunde seines Lebens anfallen kann, etwas mit Gehaltserhöhung zu tun hätte. Des Menschen Los in der Wirklichkeit ist tieftraurig. Da kommt er eines Tages daher, aus dem Nichts, niemand weiss etwas Genaues woher, richtet sich notdürftig ein, lässt die Zimmer tapezieren, und weiss, eines Tages muss er wieder ausziehen, nicht mit dem Möbelwagen, umziehen in eine dunkle Kiste.«

Auch der kellnernde Dichter in Gerhard Polts Film *Herr Ober* (1992) landet vorübergehend auf dem Dachboden, haust dort mit illegalen, schwarz beschäftigten Arbeitssklaven, nachdem ihn seine Ehefrau und Mäzenin, von der seine Lyrikpublikation finanziert wurde, wegen vermuteter Untreue rausgeworfen hat. Er verwendet die unverkäufliche Auflage seiner eingeschweissten Gedichte als Stützen unter der Matratze und meditiert über Zeit und Mahlzeit (: »Zeit mal Zeit ist – Mahlzeit«).

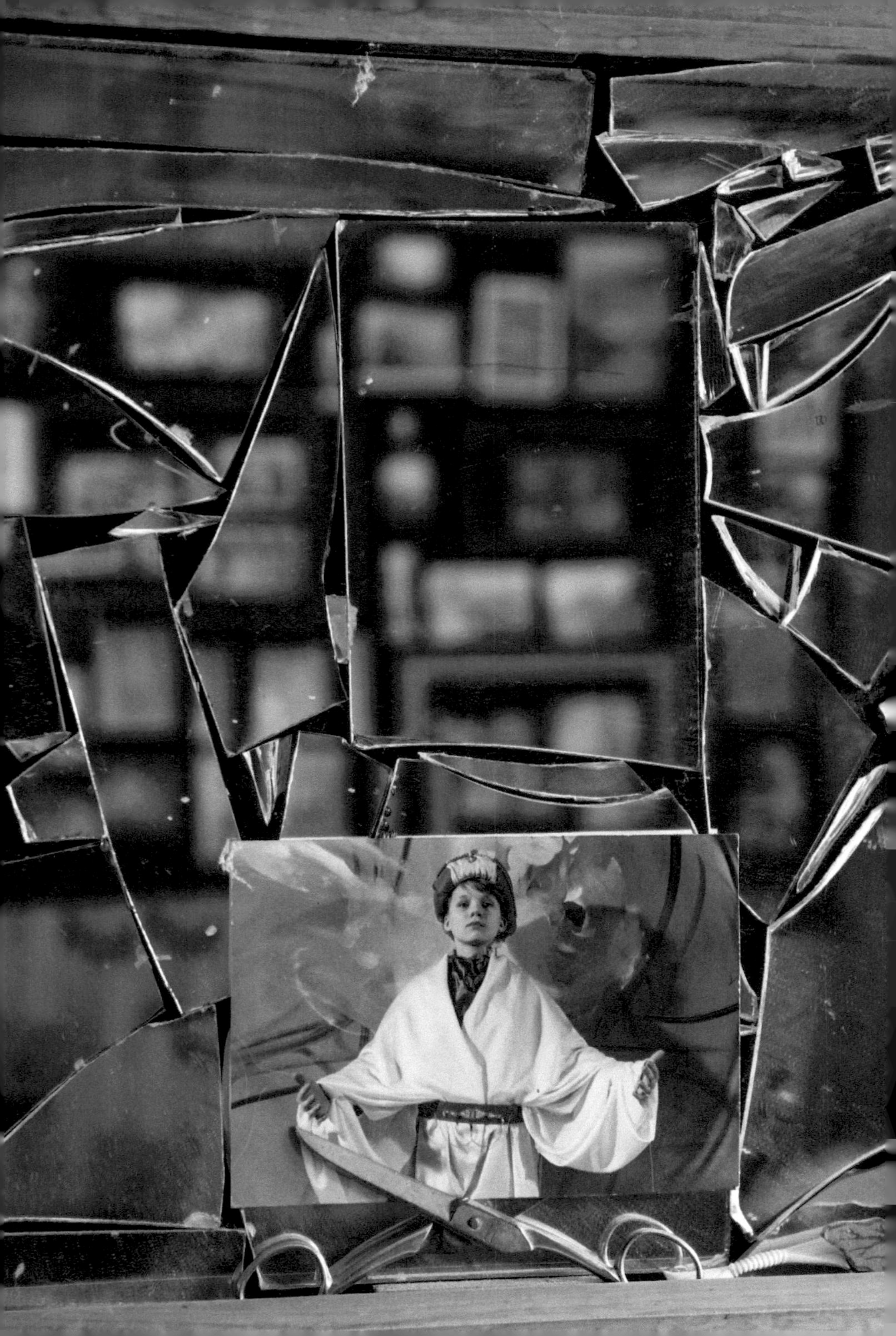

5 Rand Notizen

Begegnung

Mama, warum
siehst du aus
wie ein Waldmensch? – weil
immer und ewig, ganz plötzlich
gerade jetzt, im Spiegel
Kaspar
Hauser
zeitverwirrt, das wilde,
das begrabene
das irrende Kind –
queer? nicht
von hier? – beschädigt, singt
im Diskant kein
Kindertotenlied
Viva! Normalo du
ahnst nichts – Inklusion? – na
super, euer Diskurs
herrscht tötet
und Feuer
fressen den Wald

Autofiktion

Es ist schwer, sich Rechenschaft abzulegen, ohne zu urteilen. Mit dem Tagebuch habe ich zunächst einmal etwas ganz für mich, den Text vor mir. Ohne Absicht, ihn zu veröffentlichen, ohne Auftrag.

Autofiktion entsteht durch Weglassen. Als ich am jour-fixe bei Maja den Film gezeigt habe, den ich mit Esther im Jahr vor ihrem Tod gemacht habe, war der Kommentar von J.:

»Was da alles weggelassen wurde!«.

Klar, es ist ein Film in Hinblick auf die Nachwelt, ihre Kinder.

Wenn ich sie befragt habe, gab ich nur Stichwörter zu ihren längst vollendeten Geschichten, die oft erzählt worden waren und nun in dieser Form *aufgehoben* wurden.

Jeden Moment kann mich der Schlag treffen, und dann gäbe es dieses Dokument, das zerfliessende Bild bleibt stehen, die Bewegung erstarrt, der eingefallene, zu-gefallene Text buchstabiert ein verloschenes Ich, das sich nicht mehr wehren kann.

Vielleicht braucht es ja Schonung, altersgemäss.

Für sich und die Katz schrieb Valeska Gert ihre Autobiografie (V.G., *Mein Weg,* 1931).

Wer bin ich, ich bin die, die dies schreibt.

Und immer ist es Auto*fiktion*, meist weder Dichtung noch objektive Wahrheit, denn unweigerlich findet eine Auswahl statt, eine bestimmte, vielleicht triviale Art der Zusammenstellung, und das ist schon recht so.

Mein Text versucht wohl auch, allenfalls lesenden Nachkommen unnötig Hässliches zu ersparen.

Würde ich vor meinem inneren Beichtstuhl knien, fragte sich zunächst: Was will ich denn damit? Ich bin doch Protestantin.
Psychotherapeuten bezahlen wir, damit sie auf unserer Seite stehen, ohne einzugreifen. Im Selbstgespräch ist das anders.
Du bist es selbst!, lautet der Kernsatz der Aufklärung.
Ich höre mir zu und nehme wahr ein Bedürfnis nach *Busse*.
Worin besteht die. In der Einsamkeit? Der Trennung von den Liebsten? In der Bitternis der Selbsterkenntnis? In schwerer Arbeit? Im Aufschiebenmüssen, Niezufriedenseinkönnen?
»Von nun an kannst du nie wieder froh werden«, ein Muttersatz. Muttersprache.
Worin besteht die *Schuld* – Schuld nicht moralisch gemeint, sondern im Sinn von Ursache. Dummheit, Trägheit, Selbstsucht, Ungeduld sind schuld, wenn ein Leben missrät.
Vielleicht geht es eher um Sühne, auch so ein christlicher Begriff. *Schuld und Sühne,* die Verbindung entspricht wahrscheinlich allgemeiner sozialer Erfahrung, es gibt ein Bedürfnis nach Ausgleich.

Wenn doch aber alles »egal« ist – wie meiner Mutter während ihrer letzten Schwangerschaftswochen mit mir, April/Mai 1945, »mir war alles egal«, das war ihr Satz –, verliert sich jeder denkbare Sinn.

Gestern habe ich auf Arte nochmals den Film über Aussteiger in den polnischen Karpaten gesehen, zum zweiten Mal, erkannte das Gesicht des alten schwerfälligen Mannes, als er seinen zweiundneunzigjährigen Freund abholt, der den Winter notgedrungen in der Stadt verbringen musste. Man sieht ihn weissbärtig in seiner Wohnung auf dem Velotrainer, er hält sich fit für den Sommer in der Wildnis. Es ist ein trauriger Film, auch, diese alten humpelnden Männer am See, in zusammenfallenden Hütten, »mein Palast«, sagt einer, die Nachbarn helfen, eine Plastikplane über das Dach zu legen. Sie leben an einem der grössten Stauseen Polens, Dörfer wurden überflutet, es sieht sehr verlassen aus.

Auch ich versuche gesund zu bleiben, damit ich hier möglichst bis zum Schluss bleiben kann. Das macht Sinn und ist nicht egal.

Daneben

»Freedom is just another word ...«, und im nächsten Lied bittet sie um Gottes Gnade und einen Farbfernseher (J.J., *Me and Bobby McGee*, 1970). Ach Janis Joplin, sie hat gut lachen, sie ist seit fast fünfzig Jahren tot, angelangt am Ende der Wünsche.

Meine *Konsumverweigerung* entstand lange, bevor das Wort geprägt wurde.

Immerhin geläufig war, wenn auch nicht in unserer Welt, der Begriff der *Magersucht*. Ihr Protagonist, ein Held, der stets verneint, ist der dahinschwindende *Suppen-Kaspar*, der von Bild zu Bild immer dünner wird, bis er »nur noch wie ein Fädchen war« und sich als Strichmännchen aus dem Buch verflüchtigt.

Während er den Puls seiner kleinen Patienten fühlte, skizzierte der am Bett sitzende Arzt Heinrich Hoffmann, *Struwwelpeter*-Autor und späterer Irrenarzt (1809–94), ihnen den Vorgang dieses einprägsamen Verfalls, um ihre Aufmerksamkeit von der Untersuchung abzulenken. So entstanden seine schrecklichen Geschichten.

Ich wurde als Kind damit nicht behelligt, Kinderbücher waren nach Kriegsende kaum vorhanden.

Vielleicht hätte der *Suppenkaspar* seinerzeit vor allem meine Eltern beruhigt: Es gab also noch andere Kinder, die wie ich die Nahrung *verweigerten*.

Nach den Panikattacken während der letzten Wochen vor der Geburt Ende Mai 1945 begann mein Auf-die-Welt-Kommen mit dem Schlaf der Erschöpfung.

Das Kriegsende am 10. Mai bedeutete für meine Eltern wie für viele andere Deutsche den *Zusammenbruch* des *Tausendjährigen Reiches* und die gleichzeitig ersehnte und gefürchtete Zeitenwende, nicht nur zum Guten, aber der Spuk war vorbei.

Erleichterung und Enttäuschung.

Meine Geburt zehn Tage später setzte noch eins drauf, denn ich hatte das falsche Geschlecht. Der ersehnte Hoferbe war wiederum ausgeblieben.

So war ich schwer aufzuwecken an der schluchzenden Mutterbrust und kaum zum Trinken zu bewegen, auch essen mochte ich später eher nicht.

Ich war schon gestillt von der süssen Benommenheit des Halbschlafs, des köstlichen Gleitens aus der Welt.

Vielleicht hat meine Mutter während der Bombenangriffe Medikamente genommen, zur Beruhigung, gegen Schmerzen, womöglich auf Rezept, ihre Nachttischschublade roch immer danach. Das liegt nahe, aber muss nicht sein. Sie war jedenfalls erfüllt von Schrecken und meinte, wenn sie mich ansah, ich sei schon tot.

Die Arme, ich Arme.

Meine Mutter fürchtete um mein Überleben, sie versuchte es mit Gewalt, und Ess-Zwang war der erste, den ich erlebte.
Frühgestört heisst das in der Sprache der Psychiatrie und will sagen, dass da wenig zu machen sei.

Dann der Satz »Dich hätten sie unter Adolf Hitler auch vergast«. Es stimmte, ich war *anders,* nicht gerade so wie meine Mitschülerin Gerda Schatte, die *behindert* war. Ich war nur weder der sehnlichst erwartete Junge, noch ein liebreizendes Mädchen. Die Enttäuschung der Eltern, »ja, schon, aber nach ein paar Tagen war das vorbei«, meinte später die Mutter, ein paar Tage sind lang für ein Neugeborenes.
Der Angst, ich sei tot, entsprach wohl auch ein Wunsch. Sie wurde krank, ich war zu viel. Einmal wenigstens, ich glaube mich zu erinnern, hat jemand versucht, mich mit der Bettdecke zu ersticken. Vielleicht nicht gerade ersticken, einfach etwas über den Kopf ziehen. Nur so. Die Todesangst, wenn ich mir das vorstelle.

Weil unser nicht direkt am Haus gelegener grosser Garten mein Rückzugs- und Spielort war, hielt ich mich an Früchten schadlos, von den ersten grünen Stachelbeeren, die ich im Puppenwagen versteckte, bis zu den letzten reifen Pflaumen und Birnen. Was ich im Winter gegessen habe, weiss ich nicht mehr.
Das Essen am Familientisch war fett, voller Spannungen. Man musste aufessen, darum war meine einzige Sorge, dass mir nicht zu viel aufgetan wurde, »nicht so viel, nicht so viel!«, höre ich mich flehen …

Ja, das waren frühe Dramen, lebenslang hätte ich Antidepressiva schlucken und/oder Psychiater beschäftigen können. Und kaufen, kaufen. Sehr praktisch ist es für die Verkäufer, wenn das Bedürfnis ihrer Kund:innen niemals zu stillen ist.

Meine Aversion gegen die angebotene Nahrung übertrug sich nur zu bald auf den Geruch von Benzin, von Alkohol und dann auch auf das Geld.

Betrunkene lagen am Wochenende im Strassengraben, sie waren ganz unten. Nicht wie wir.

Schon Anfang der Fünfziger Jahre schaffte mein Vater ein Auto an, einen DKW, Abkürzung für »Deutscher Kraft-Wagen«. Ein VW, »Volks-Wagen«, war ihm zu proletarisch. Im Auto wurde mir schlecht, auf dem Rücksitz vertrug ich die Kurven nicht, er musste anhalten, ich kotzte am Strassenrand und war daher froh, wenn ich zuhause bleiben konnte.

Der Kommentar meines Grossvaters, wenn er dem abfahrenden Schwiegersohn hinterherguckte, war gewesen: »Mit einem Auto kommt man schnell vom Hof hinunter.«

Den *Führer*schein zu machen, verlockte mich nicht.

Geld dafür hatte ich auch nicht.

Ach, das Geld. Ich wusste schon sehr früh, dass es meinen Eltern immer wieder Sorgen machte. Zu einem grossen Teil lebten wir nach dem Krieg in Subsistenz-Wirtschaft, Garten und Felder boten alles, fast alles, was wir brauchten. Kleider wurden geändert, aufgetrennt, neu geschneidert, Möbel und Wäsche waren noch aus Vorkriegszeiten vorhanden.

Einmal sah ich, wie mein Vater, auf dessen Schoss ich sass, abgezähltes Geld, das er schuldete, einem Viehhändler, der ihn aufgesucht hatte, über den Tisch hinknallte, und wie meine

Mutter und mein Grossvater entsetzt waren über sein unbeherrschtes Verhalten. Wie mir mein Vater da leid tat, der, anders als die in Haus und Hof Herumschreienden, immer ruhig und ausgeglichen war und sich viel mit mir abgab! Wie gedemütigt musste er sich fühlen!

Deshalb wurde zu meinem Credo der Satz: »Ich brauche nichts!«

Natürlich brauchte ich in Wirklichkeit sehr viel, einen ganzen Acker fruchtbaren Landes. Weizen und Zuckerrüben haben wir dort angebaut, den würde mein Vater zur rechten Zeit als Bauland verkaufen müssen, um mir mein Studium zu finanzieren. Weil ich immer hinter den Büchern sass, konnte es nur Literaturwissenschaft sein. Dazu noch Psychologie, ich wollte mich und die anderen besser verstehen. Das war der Plan.

Entfernt von zu Hause hoffte ich, frei zu sein von erzwungenen Mahlzeiten, Verboten, Ermahnungen, endlich lesen zu können, so lange ich wollte und was mich am meisten beschäftigte: Poesie.

Studieren wollte und sollte ich.

Wenn eine so aussieht, muss sie wenigstens gescheit sein.

Das also ist ein Teil meiner (finanziellen) Schuld: Zwanzig Morgen bestes Ackerland hingegeben für eine hässliche Betonsiedlung mit Aussicht, *Asseblick*.

Was willst du – Blut statt Boden, Wohnraum für mindestens einhundert Leute.

Ein Stipendium zu beantragen, war also nicht nötig, es wäre auch als anrüchig, wenn nicht als Bettelei betrachtet worden. Das regeln wir selbst als freie Bauern. Zwar habe ich während der Studienzeit auch manches gearbeitet, um etwas dazu zu verdienen, aber das Wichtigste war, möglichst wenig mit Geld zu tun zu haben.

Je weniger Geld ich brauchte, umso unabhängiger fühlte ich mich.

Das führt zwangsläufig an den Rand. Meine Eltern waren besorgt. Wenn ich in den Semesterferien nach Hause kam, wurde ich zu C&A geschleppt, weil ich nicht ordentlich genug aussah in ihren Augen. Im Spiegel mit den neuen Klamotten fühlte ich mich komisch, ungelenk, vielleicht lag es am grellen Neonlicht, oder an der Kaufhausluft, die auch mein Vater schwer ertragen konnte. Er wartete jeweils im Auto.

Seit ich lesen gelernt hatte, fünfjährig, um ihm aus der Zeitung vorlesen zu können, fühlte ich mich fremd in meiner Umgebung. Das Abtauchen wurde zur Gewohnheit, bis hin zur Sucht, zur *Lesesucht*.

Essen interessierte mich wenig, vor allem Süsses mochte ich nicht. Allein beim Gedanken an Buttercremetorte, die es gab zu Geburtstagsfesten, wurde mir übel.

Mager bleiben hiess: anders sein als die Schweinskotelett und Kuchen vertilgenden Verwandten, die mit Essen traktiert wurden: »Nimm an, nimm an!«, so, meinte meine Schwester, als sie klein war, lautete der Name der Gäste. Die griffen tapfer zu, korpulent sein war gleichbedeutend mit wohlhabend.

Vielleicht mit zwölf las ich das Tagebuch von Anne Frank. Das war der Anfang vom Bruch mit der Elterngeneration.

Nie wieder Krieg. Nie wieder Faschismus.

Die Bücher, das Radio, Wolken und Bäume entführten mich in ein Parallel-Universum, in dem es unwichtig war, wie ich aussah oder welcher sozialen Klasse ich angehörte. Dort regierte *mein* Geschmack, und ich war hochmütig, verachtete die dicken, protzigen Neureichen, fand Nierentische und Schlager grässlich, *La Paloma,* strebte nach Höherem?

Nach dem *ganz-Anderen* – (Karl Barth).

Dass ich nicht zu den Hübschen gehörte, war klar, dass mich der Rummel um die Jungs nicht interessierte ebenfalls. Ich hatte das Gefühl, zufällig, willkürlich in diesen Körper, in diese Familie geraten zu sein, *bad luck,* fand mich weder weiblich noch männlich, sondern ausserhalb oder irgendwo dazwischen, *queer* nennen sie das heute.

Weil ich damals weder von Homo- oder Bisexualität geschweige denn von Geschlechteridentität etwas wusste, glaubte ich, ich sei damit allein auf der Welt.

Als Kind hatte ich meine *Abartigkeit* schon im grossen Spiegel in der Diele in Remlingen in Augenschein nehmen können, wenn ich mit meiner Freundin Gitti Neugebauer etwa achtjährig davorstand. Sie semmelblond, rotbackig, ich blass, verdrückt, vielleicht sogar mit Brille, die ich zeitweise trug, daher versuchte ich es später zu vermeiden, »mein Bärenkatzenaffengesicht im Spiegel zu betrachten« (Liselotte von der Pfalz, *Briefe,* 1704).

Meine einzige Chance war die Sprache und das Sprechen.

Später wurde es noch schwieriger, wenig Busen, Beinbehaarung, verliebt in eine Frau, einmalig. In der Schule die genüsslich einander abschätzende Mädchenklasse, ihr lüsternes Gekicher, wenn ich meine Lieblingsstelle rezitierte, aus Rilke, *Der Cornet* (1899): »Reiten, reiten …«

Ich verstand den Witz nicht. Im Studium dann kamen männliche Wesen, es interessierte mich die Unterhaltung mit ihnen, das Zusammensein, sexuelle Gefühle waren mir noch unbekannt, aber ich habe »mitgemacht«, um sie aus der Nähe besser kennenzulernen.

Als ich im einunddreissigsten Jahr schwanger wurde, fasste ich das als eine Forschungsreise in meinen weiblichen Körper auf. Ich hatte mir die verordnet, weil ich feststeckte im Nicht-wirklich-da-Sein, alles Lesen und Reden brachte mich nicht weiter.

Ein Kind bringt dich zurück in deinen Körper und in die Gesellschaft, das war meine Erkenntnis.

G.B. schien mir der einzig mögliche Partner für ein Kind, wenn nicht überhaupt. Auch ein Ausnahmemensch, ein Künstler. Sein Atelier in einer Kreuzberger Fabriketage nahm mich auf und erwies sich als ein Raum, in dem ich dauerhaft leben und lernen konnte.

Es war nicht nur schwer, sich daneben zu fühlen, es machte auch stolz, arrogant sogar.

Ich verehrte die Schönheit, die mir selbst fehlte, aber ich sah genau hin.

Weil ich immer nur ein Minimum an Geld zur Verfügung hatte, ging die Konsumwelt wenig beachtet an mir vorüber. Ich habe lebenslang kein Auto und keinen Fernseher gekauft, keine Pauschalreise gebucht, Kleidung seit Geburt meiner Kinder nur *second hand* erworben, alle zehn Jahre kaufe ich ein Paar neue Schuhe. Neu angeschaffte Möbel kann ich an einer

Hand abzählen: ein Korbsessel, ein breites Bett von Ikea, drei Stahlregale und ein Corpus für Hängemappen.

Ich esse seit vielen Jahren vegetarisch, trinke keinen Alkohol, rauche kein Nikotin und meide Süssigkeiten. Und mir fehlt nichts.

Das ist wohl wiederum ein Privileg, aber es gibt viele Wege, an deren Ende nicht Verzicht, sondern Gewinn von Lebensqualität steht.

Alle Menschen sind so strahlend,
als ginge es zum großen Opfer,
als stiegen sie im Frühling auf die Türme.
Nur ich bin so zögernd, mir ward noch kein Zeichen,
wie ein Säugling, der noch nicht lachen kann,
unruhig, umgetrieben, als hätte ich keine Heimat.
Alle Menschen haben Überfluß;
nur ich bin wie vergessen.
Ich habe das Herz eines Toren, so wirr und dunkel.
Die Weltmenschen sind hell, ach so hell;
nur ich bin wie trübe.
Die Weltmenschen sind klug, ach so klug;
nur ich bin wie verschlossen in mir,
unruhig, ach, als wie das Meer,
wirbelnd, ach, ohn Unterlaß.
Alle Menschen haben ihre Zwecke;
nur ich bin müßig wie ein Bettler.
Ich allein bin anders als die Menschen.

Lao Tse, Tao te King

Wenn jemand unliniert ist

Wenn jemand unliniert ist, so muss er immer wieder feststellen, dass die Welt liniert ist.

Wie ein Zebra ist die Welt in Streifen geteilt, und dabei hat sie doch nur ein einziges Fell.

Auf den Linien ist die Welt beschrieben, und dadurch unterscheidet sie sich von dem Zebra, das meistens nur selten beschrieben ist. Das liegt aber wiederum daran, daß man auf Fell schlecht schreiben kann. Wie ein unbeschriebener Briefbogen läuft nun das arme Zebra in der Welt herum, welche im Gegensatz zu ihm von links nach rechts beschrieben ist (Kurt Schwitters, 1887–1948).

Bruder Tier

Auch das Alter ist Teil der Feldforschung, wir sind alle Debütanten, wenn nicht Dilettanten des Todes (Friederike Mayröcker, 1924–2021), schade, dass man den Angehörigen wenig davon weitergeben kann. »Denk daran, was ich dir gesagt habe!«, mahnte meine Mutter, ach es vergeht kein Tag, an dem ich nicht an dich denke. Es wäre so schön, man könnte sich mit den alternden Nachkommen übers Altern unterhalten – ach nein, dafür müsste man hundert Jahre alt werden. Dann gäbe es eine gemeinsame Erfahrung.

Die Ahnenfiguren von Borneo fallen mir ein, meine Ergriffenheit, als ich sie in den Berliner Staatlichen Museen zum ersten Mal sah. Eigentlich verstehe ich Skulpturen generell so, als Ahnenfiguren, als Bündelung von Kraft auch, wie die

Nagel-Fetische – lebendig in einer Aura von Gedenken und Dankbarkeit.

Und ich seh mich wandern im Neandertal, Jägerin und Sammlerin, mit der Vorliebe für Rohkost, Höhlen und den Aufenthalt im Freien.

»Äffchen« haben sie mich in Remlingen als Kind genannt, es war das einzige Mal, dass mein Vater in die Schule ging, um sich zu beschweren. Es war eine Schande, arme Eltern. Ich habe dann Affen zu meinen Lieblingstieren erkoren, besonders Gorillas, Diane Fossey (1932–1985) ist eine der Heldinnen in meinem Pantheon (D.F., *Gorillas in The Mist*, 1983).

Damals war der Affenvergleich nur Beschimpfung, Darwin hatte sich in Remlingen noch nicht durchgesetzt. »Du kannst ja meinetwegen vom Affen abstammen, ich nicht«, war einer von Vatis Scherzen. Kuh, Schwein, Ziege, Schaf, Gans, Huhn – so beschimpfte man sich.

Was für eine elende Kultur, wie können wir das überwinden. Viele Menschen sind ja tierlieb, fühlen sich gern überlegen, aber »du Hund« ist immer verächtlich gemeint. Pferde und Katzen sind ausgenommen, Vögel auch, bis aufs Vögeln – wenn du einen Vogel hast, lass ihn frei.

Bruder Tier, ja, sehr schön, du stirbst für mich. Ich jage dich, fresse dich, quäle dich, sperre dich ein, rotte dich aus. Auch der Papst, der sich Franziskus nennt, isst ein bis zweimal in der Woche Fleisch oder Fisch. Fressen und Gefressenwerden, so ist das nun mal.

Die schwarze Galle der Bitterkeit kommt hoch, die Scham auch, dass ich hier so gemütlich sitze, während jede Sekunde weitergemordet wird, Mensch und Tier, schandbar, dass ich nichts tue. Was sollte ich schon tun, ich unterschreibe, spende, versuche einen minimalistischen Lebensstil. Das Mindeste.

Rauer Traum

Rauer Song von sterbenden Tieren
Lawrence Ferlinghetti (1974/76)

In einem Traum im Inneren eines Traums
träumte ich einen Traum
Von der Realität der Existenz
Im Inneren des ultimativen Computers
der das Universum ist
in welchem der Pfeil der Zeit
beide Wege fliegt
durch gebogenen Raum

In einem Traum im Inneren eines Traums
träumte ich einen Traum
von all den sterbenden Tieren
Alle Tiere überall
Sterbend & sterbend
Die wilden Tiere die langhaarigen Tiere
geflügelte Tiere gefiederte Tiere
Tiere mit Klauen & mit Schuppen & mit Fell
verrottend & sterbend & sterbend

In einem Traum im Inneren eines Traums
träumte ich einen Traum
von Kreaturen überall aussterbend

in schwindenden Regenwäldern
in Nadelwäldern und Hochebenen
auf schwindenden Prärien & Steppen & Mesas
Gefangen geschlagen angeleint verhungernd betäubt
In die Enge getrieben gehandelt
Arten die nicht nomadisch gemeint waren
Wurzellos wandernd wie der Mensch

In einem Traum im Inneren eines Traums
träumte ich einen Traum
von all den Tieren aufschreiend
an ihren versteckten Plätzen
an den noch ruhigen Plätzen die ihnen geblieben sind
Fortschleichend & herumkriechend
durch das dichte Unterholz
das letzte grosse Dickicht
jenseits der Berge
durchzogen von Serpentinen
jenseits der Sümpfe
jenseits der Ebenen & der Zäune
(der Westen gewann mit Stacheldrahtmaschinen)
Im Hochland
in den Niederungen
durchquert von Autobahnen

In einem Traum im Inneren eines Traums
träumte ich einen Traum
wie sie fressen & rudern & rennen & sich verstecken
In einem Traum im Inneren eines Traums sah ich
wie Robben geschlagen werden auf Eisfeldern

Die sanften weissen Pelzrobben mit Schädeln wie Eierschalen
Die grossen grünen Schildkröten geschlagen & gegessen
Exotische Vögel gefangen & eingesperrt & angebunden
Seltene wilde Tiere & seltsame Reptilien & komische Woozoos
zur Strecke gebracht für Zoos
Von bärtigen Schwarzmarkthändlern
die danach in Singapur herumkurven
in deutschen Limousinen

In einem Traum im Inneren eines Traums
träumte ich einen Traum
von der Erde die sich aufheizt & austrocknet
In dem berühmten Treibhauseffekt
unter ihrer Decke von Kohlendioxid
ausgeatmet von einer Milliarde
höllischer Verbrennungsmotoren
Vermischt mit dem süsslichen Geruch von brennendem Fleisch

In einem Traum im Inneren eines Traums
träumte ich einen Traum
von Tieren die einander zurufen
in Codes die wir nie verstehen
Robbe und Ochse schreien auf
mit derselben Stimme
weil sie geprügelt werden
in den Viehhöfen von Chicago & auf
den Eisfeldern von Neufundland
Es ist derselbe Schrei
Die Wunden heilen niemals
im Gemeinwesen der Tiere

Wir stehlen ihnen ihr Leben
um unseres zu füttern
und mit ihrem Leben
werden unsere Träume gesät

In einem Traum im Inneren eines Traums
träumte ich einen Traum
vom täglichen Gedränge um die Existenz
im Aufziehmodell des Universums
im sich drehenden Fleischrad der Welt
in dem ich ein Fisch war der seinen Schwanz isst
in dem ich eine Klaue am Strand war
in dem ich eine Schnecke auf einem Baum war
in dem ich ein Schlangenei war
ein yin yang Dotter von Gut und Böse
dabei sich selbst zu zerfleischen.
(Übersetzung MLK)

Original siehe: www.syndicjournal.us/a-ferlinghetti-memorial-supplement-60-n
rations/ferlinghetti-memorial-supplement-rough-song-of-animals-dying/)

6 Exkurs: Sapiens, oder wie alles begann

In einem dieser Witze, die gar nicht zum Lachen sind, treffen zwei Planeten aufeinander, der eine sieht schlecht aus. Der andere fragt, was ihm fehle, der kranke antwortet: »Ich habe Homo Sapiens!«, und wird getröstet: »Das geht vorbei ...«

Harari 1

Seit Wochen lese ich vor dem Einschlafen in der »kurze(n) Geschichte der Menschheit«, »*Sapiens*«, von Yuval Noah Harari (2011).

Aufbauend ist die Lektüre nicht gerade, bedrückt verfolge ich, wie seit mindestens achttausend Jahren offenbar alles schiefgelaufen ist, seit der agrarischen Revolution, die ja immer als grosser Menschheitsfortschritt dargestellt wurde wegen der Erfindung von Egge und Pflug, dem Ende der nomadischen Lebensweise.

Harari zeigt, dass die Folgen für das Individuum katastrophal waren: Mangelernährung, Hunger durch Abhängigkeit von nur einer kultivierten Pflanzenart, Krankheiten, übertragen von domestizierten Tieren –, aber Landwirtschaft und Sesshaftigkeit ermöglichten viele *gene-copies,* also Bevölkerungswachstum, was für Erhaltung und Ausbreitung von Sapiens als Spezies gut gewesen sein mag.

Die agrarische Revolution geht einher mit dem blutigen Leiden der Nutztiere, die es zwar jetzt millionenfach gibt, die aber meist unter höllischen Bedingungen leben. Dieser *gap*, die Kluft zwischen den Auswirkungen für die Einzelnen einerseits und denen für die Art als Ganzes andererseits, sei das entscheidende Merkmal der Sapiens-Entwicklung.

Ich muss schon viele Grausamkeiten überlesen, weil ich sie nicht aushalte, aber alles wird so entsetzlich klar jetzt. Als ob es zunächst gar nicht um gesellschaftliche Systeme, Patriarchat/Matriarchat, sondern nur um die inhärente Logik der Falle ginge, in der jede neue Erfindung und scheinbare Erleichterung sich auch negativ auswirkt.

Dieses Tableau eines Jahrtausende lang währenden Desasters, das die Menschheitsgeschichte vom bösen Ende her schildert, wie es sich gegenwärtig vor unseren Augen abrollt, wirkt auch befreiend, wenn auch, wie ich finde, die Rolle des Immateriellen unzureichend dargestellt wird. Es fehlt mir etwas, wenn die Entstehung von Ideen auf eine Genmutation im Gehirn zurückgeführt und die diversen Ideenkonstrukte allesamt als Phantasmen abgetan werden, als beliebige Spinnereien, auf die sich die Angehörigen eines betreffenden Kultes geeinigt haben.

Harari erledigt die Theorie über den Einfluss von Drogen auf die »Bewusstseins-Revolution« vor dreißigtausend Jahren (Terence McKenna, *Food of the Gods,* 1993) mit dem Satz: Auch Elefanten dröhnen sich zu. Dagegen ist nichts zu sagen. Wir wissen zwar nicht, was in zugedröhnten Elefanten vor sich geht, aber weit gebracht haben sie es damit nicht.

Nur *Sapiens* können fiktional denken und damit Menschen verbinden, über den der persönlichen Erfahrung zugänglichen Rahmen hinaus gibt es die Fiktion von Geld, Religion, Staat ...

Der Autor sieht sich als Realist, dem ein beschränkter Materialismus nicht ausreicht.

Er beantwortet die Frage: Warum überleben fastende Mönchskulturen entgegen evolutionärer Auswahl der Fittesten (= Sattesten?) mit dem Hinweis auf den Vorteil ihres jeweiligen Phantasmas, ob sie das nun Jesus oder Peugeot oder wie auch immer nennen.

Sapiens bilden *corporations,* die, obwohl sie nicht real sind, das Lebendige zerstören können. Pausenlos zerstören.

Faszinierender Gedanke, Indigene reden von Dämonen, geschaffen aus kollektiven Ängsten, Abhängigkeiten, Machtverhältnissen – *corporations* haben keine physischen Körper, und wenn diese sie loslassen, sich von ihnen abwenden, fallen sie nicht einfach in sich zusammen, sondern versuchen, das Lebendige durch Künstliche Intelligenz zu beherrschen.

Gruselig. Kein anderes Tier macht so etwas.

Affen können zwar lügen, aber nie würden sie eine gegenwärtige Banane einer fiktiven Gottheit opfern. Sie können auch ihr generelles Verhalten kaum verändern: Bonobos bleiben Bonobos, Schimpansen bleiben Schimpansen. Auch wir bleiben Sammler und Jäger, auf der Jagd nach Fett und Süssigkeiten. Reife Feigen zum Beispiel müssen sofort verzehrt werden, sonst kommt jemand anderes.

Aber Sapiens können warten, das ist ihr Vorteil. Sapiens können speichern und erinnern. Und mit dem vorläufigen

Verzicht ändert sich ihre Körperwahrnehmung, ja auch ihr Körper selbst. Das kam noch nicht vor.

Ungewohnt ist die Annahme, dass Sapiens als Individuen vor zwölf- oder fünfzehntausend Jahren viel klüger, geschickter, auch glücklicher waren als wir.

Konnten mehr, mussten weniger arbeiten. Obwohl die Gesellschaft als Ganzes inzwischen ein riesiges Wissenspotential angesammelt hat, werden wir dank Arbeitsteilung als Individuen immer unfähiger, entfremdeter, gequälter, und nach und nach geben wir all unser Wissen an Maschinen ab und entwickeln uns selbst zu Maschinen.

Das Pandora-Projekt

Mythos ist Teil des *Wilden Denkens* (Claude Lévi Strauss).
»Mythen folgen heisst in Spuren gehen« (Karl Kérenyi).

Die Geschichte von der künstlichen Frau, vom unseligen *Geschenk* der Olympier an die sterblichen Menschen, wurde von Hesiod, einem erklärten Frauenfeind, überliefert (Werke und Tage, um 700 vor Chr.).

Darum will ich versuchen, seine misogyne Version des Geschehens zu hinterfragen.

»Pan Dora«, so lautet eine der Anrufungen der Grossen Göttin, dieser Name ist im Griechischen grammatikalisch mehrdeutig: Er enthält den Imperativ, die Bitte: »gib alles!«, sowie das substantivierte Partizip »Allesgebende«, und ausserdem steht die Form »dora« substantivisch für »Gabe« oder »Geschenk«.

Die gesungenen Pan-Dora-Anrufungen waren Bestandteil von Ernteritualen.

Weil Getreidebündel zum Trocknen in Gestalt rudimentärer Puppen aufrecht gegeneinandergestellt wurden, entstand die Verbindung der Erntegöttin mit einer künstlich hergestellten Figur.

Laut Hesiod bestraft jenes Göttergeschenk, die Entsendung einer künstlichen Frau, der Puppe *Pandora*, die Hybris des Feuerbringers Prometheus. Zu Beginn des Patriarchats haben wohl tatsächlich die Männer den Frauen das Wissen gestohlen, das Wissen etwa von der Bewahrung und Nutzung des Feuers, bis dato Aufgabe der Frauen, die wegen häufiger Schwangerschaften und mit kleinen Kindern eher zu Hause blieben.

Unabhängig vom häuslichen Herd wird der Blitze schleudernde Gott Zeus gedacht, immer wieder mag das für das Überleben so wichtige Feuer für längere Zeit verlöscht sein, bis erneut irgendwo ein vom Blitz entzündetes Gebüsch brannte.

Infolge der Unabhängigkeit männlicher Technologie vom Herdfeuer der Frauen verändert sich deren Rolle und ihr Bild im männlichen Bewusstsein. Die lebendige, aktive, einzigartige Frau erscheint nun als mehr oder weniger perfektes Nachbild, geformt nach dem Modell, dem Wunschbild einer Idealfigur, die von den unsterblich Herrschenden, allen Göttinnen, mit deren Qualitäten ausgestattet wird.

Frau und Box sind ursprünglich dasselbe, eine Frau, die nach Massgabe göttlicher Idealvorstellungen bewertet und geformt wird, bringt Unglück, denn sie verliert mit dieser Orientierung den Wert ihrer unverwechselbaren, einzigartigen Gestalt und damit auch viel von ihrer Vitalität. Das wirkt sich auf die Beziehung aus.

Es sind Menschen, nicht Götter, die ihre Fähigkeiten Maschinen überantworten, um sie zu steigern und zu perfektionieren, bis die Maschine sie vollends ersetzen kann und das *Humankapital* überflüssig wird.

Der seit rund dreitausend Jahren projektierten, jetzt real existierenden *Künstlichen Intelligenz* entspricht die wachsende menschliche Dummheit. Ungemach droht, aber die Hoffnung stirbt zuletzt.

Harari 2, Bishnoi, Magie

Yuval Noah Harari behauptet, schon vor der Agrarrevolution hätten Sapiens alle grossen Säugetiere und Vögel ausgerottet, die Landschaft unrettbar verändert, ihr Auftauchen sei immer katastrophal, und die Mär von den *tree-huggers* sei sentimentaler Mist.

Ehrwürdige Vorbilder für *deep green resistance,* eine radikalökologische Widerstandsbewegung, sind die Frauen und Männer der Bishnoi, in der Wüste Thar in Rajastan noch immer lebend, deren Frauen um das Jahr 1730 ihre Bäume umarmt haben, um sie gegen einen militärischen Angriff zu schützen.

Dreihundertdreiundsechzig *tree-hugger* wurden damals getötet, sie konnten die Entwaldung ihres Gebiets aufhalten und bewahren bis heute ihre Lebensweise.

Dort wird kein Tier getötet, kein Baum sinnlos gefällt.

Für Harari wäre ihre fünfhundert Jahre alte Kultur, die sich den Schutz von allem Lebendigen vornimmt, wohl als Ausnahme von der Regel anzusehen.

Alle anderen Theorien über das Verschwinden der Dinosaurier und frühe Naturzerstörung, etwa durch Klimaveränderung oder Meteoriteneinschlag, widerlegt der Autor mit dem Argument, dass es doch merkwürdig sei, dass überall wo Sapiens auftauchten, auch auf den entlegensten Inseln, grosse Säugetiere bald verschwänden und das Ökosystem verändert sei.

Er schreibt in der Tat eine *kurze* Menschheitsgeschichte, rechnet in »wenigen« tausend Jahren, folgt der zunehmenden Beschleunigung der Ausrottungsbewegung und ruft zum Einhalten auf, gerade dank der Kenntnis der Sapiens-Geschichte.

Als ich versuche, A.B., einer meiner intellektuellen Autoritäten, die sich als »Schwarzphilosophin« bezeichnet, von meiner Lektüre zu erzählen, sagt sie nur, dass sie noch nichts von Harari gelesen habe, er sei für sie zu sehr Pop-Philosoph – das weiss ich selbst, aber für mich gerade richtig. Ich kann seinem Englisch gut folgen, lerne enorm viel.

Über die kulturellen Aktivitäten von Sapiens vor der Agrarrevolution wissen wir praktisch nichts, Nomaden konnten eben nicht viel mitnehmen und hinterlassen. Man vermutet, dass sie *animistisch* gewesen seien, also potentiell alles für belebt und wirkungsmächtig angesehen hätten. Mystische Erfahrung bleibt für Harari unzugänglich, und es ist interessant, wie das die ganze Wahrnehmung, auch die von *Fakten,* prägt.

Er demontiert den Glauben an universelle Menschenrechte, zeigt sie als ideelles Konstrukt ohne jede objektive Grundlage. Menschen sind weder frei noch gleich geboren, noch haben sie irgendwelche Rechte. Eben so wenig wie Affen oder Giraffen.

Objektiv ist Radioaktivität, Schwerkraft etc. Und unsere modernen Bedürfnisse und Gewohnheiten erscheinen absurd, wenn wir sie auf die alten Ägypter oder Babylonier übertragen, die zum Beispiel nie ein Verlangen nach *Urlaub* hatten.

In seiner Sicht brauchen Menschen kausale Verknüpfung, um Ungewissheit und Unglück ertragen zu können, und bald, nehme ich an, wird man im Hirn Areale finden, wo das stattfindet.

Konstrukte der Täuschung, Schleier der Maja.

Indessen kann Magie nur bei passendem Kontakt stattfinden, wie Elektrizität, wie *contact high* – und Magieleugnern, die für Einbildung halten, was für andere evident ist, passiert auch nichts Magisches.

Nur Koinzidenz, allenfalls.

Dagegen steht das Jesusversprechen: »Wenn zwei oder drei in meinem Namen beisammen sind ...«

Und als *Ich,* das dann mitten unter uns ist, würden wir eben das Nicht-Ich erleben, in dessen Namen wir uns verbinden.

Erschwert wird das dadurch, dass die Namen so vielfältig sind.

Stephen Gaskin (Lehrer und Initiator von *The Farm,* Zen-Hippie, 1935–2014) hat vorgeschlagen, sich religiöse Systeme als Lochkarten vorzustellen und sie hintereinander zu halten, dann erschienen einige Löcher, die durchgehen. Und auf die komme es an. Das betreffe bestimmte Regeln und Gebote, nicht die religiöse, die mystische Erfahrung selbst, die wird vorausgesetzt.

Weil Magie sich interaktiv vollzieht, kann sie wahnhafte Inhalte haben, werden Menschen verblendet, *bewitched* ...

Harari definiert Sapiens als *Storyteller,* und all ihre Macht und ihr Unheil kommen von dort, komplizierte Geschichten sind unbequem, anspruchsvoll, einfache dagegen verführerisch.

Durch den Trieb zur Verknüpfung, Vernetzung, Wechselbeziehung entsteht eine trügerisch verzerrte Bewusstseinsspiegelung des selektiv wahrgenommenen Geschehens. Damit arbeiten Katastrophenfilme und Verschwörungsdramen, aber auch *Nachrichten,* und für Medienkonsumenten ist es zuweilen schwierig, Fiktion und Realität auseinanderzuhalten, angesichts der Verfügung über unendlich viele Kanäle, die Fernbedienung, das Zappen.

Und wie der Kulturphilosoph Charles Eisenstein (*1967) hervorhebt: Alle Geschichten haben irgendeinen Wahrheitsgehalt, aber das Leben selbst entscheidet und gestaltet sich je nach Art der Geschichten, an die geglaubt oder denen gefolgt wird.

In einem Podcast wird Harari zweieinhalb Stunden zum Sinn des Lebens befragt. Er ist Buddhist auf die Weise, dass er einiges von dort übernimmt: Meditation, veganes Essen, Schweigeretreats ...

Auf die törichten Fragen, was das bringe für den Sinn des Lebens, beschreibt er seine Mühe, sich auf den Atem zu konzentrieren, also nur wenigstens die eigenen Gedanken zu kontrollieren. Er ist schwul, meint, das habe seinen Blick geschärft auf den Unsinn der Religionen, die etwas als »unnatürlich« verdammen, was doch existiert und daher natürlich ist. Wie kann man Liebe verbieten, das ist eigentlich das beste Argument.

Über den Sinn des Lebens sagt er, dass man sich die Vorstellung, irgendeine Rolle in einem kosmischen Musical zu spielen, nun wirklich abschminken könne. Dass die früheren Funktionen der Religionen, Beistand bei Krankheit, Unglücksfällen etc., obsolet geworden seien zugunsten von Wissenschaft, Versicherungen, Politik …

Dass der Sinn des Seins im Sein bestehe, dass böse ignorante Menschen meist unglücklich seien (siehe Brecht: »An meiner Wand hängt ein japanisches Holzwerk / Maske eines bösen Dämons, bemalt mit Goldlack / Mitfühlend sehe ich / Die geschwollenen Stirnadern, andeutend / wie anstrengend es ist, böse zu sein«).

An dieses Gedicht muss ich oft denken. Harari sagt, dass mangelnde Empathie zu dauerhafter Gefühllosigkeit führt, was auch nicht unbedingt glücklich macht. Auf die Frage, wie leben angesichts von Leid, sagt er, dass man/frau nicht der Mittelpunkt und schon gar nicht die Ursache des Universums sei und daher auch nicht die ganze Welt auf die eigenen Schultern laden müsse.

Er versteht Leid nicht als Sinn, sondern als Grunderfahrung. Töricht, nach dem Sinn des Leidens zu fragen, es geschieht einfach, ergibt sich aus den Beziehungen, in denen wir leben, aus Liebe und Tod.

Die größten Gefahren sieht er in atomarer Aufrüstung, ökologischem Desaster und Künstlicher Intelligenz. Statt Kooperation, die global möglich wäre, herrscht Konkurrenz. Die Macht der Dummheit.

Er hat eine Harari-*company* gegründet, das sei ein Familienbetrieb, mit etwa fünfzehn Leuten, sein Ehemann sei der Organisator. Um einen Bestseller hinzukriegen, brauche es nicht nur den Autor. Er arbeitet zusammen mit Zeichnern und Textern für *Graphic Novels*, jetzt sind sie am zweiten Band, für Teenager und Erwachsene, die keine Bücher lesen (können). Ein Kinderbuch ist in Arbeit. Er geht wirklich ran. Er meint, dass die Menschheit das nächste Jahrhundert nicht überleben wird, jedenfalls nicht als dominante Spezies und nicht in der bekannten Form von homo sapiens. Algorithmen verwandeln uns langsam in eine Mensch-Maschine.

Pandora lässt grüssen.

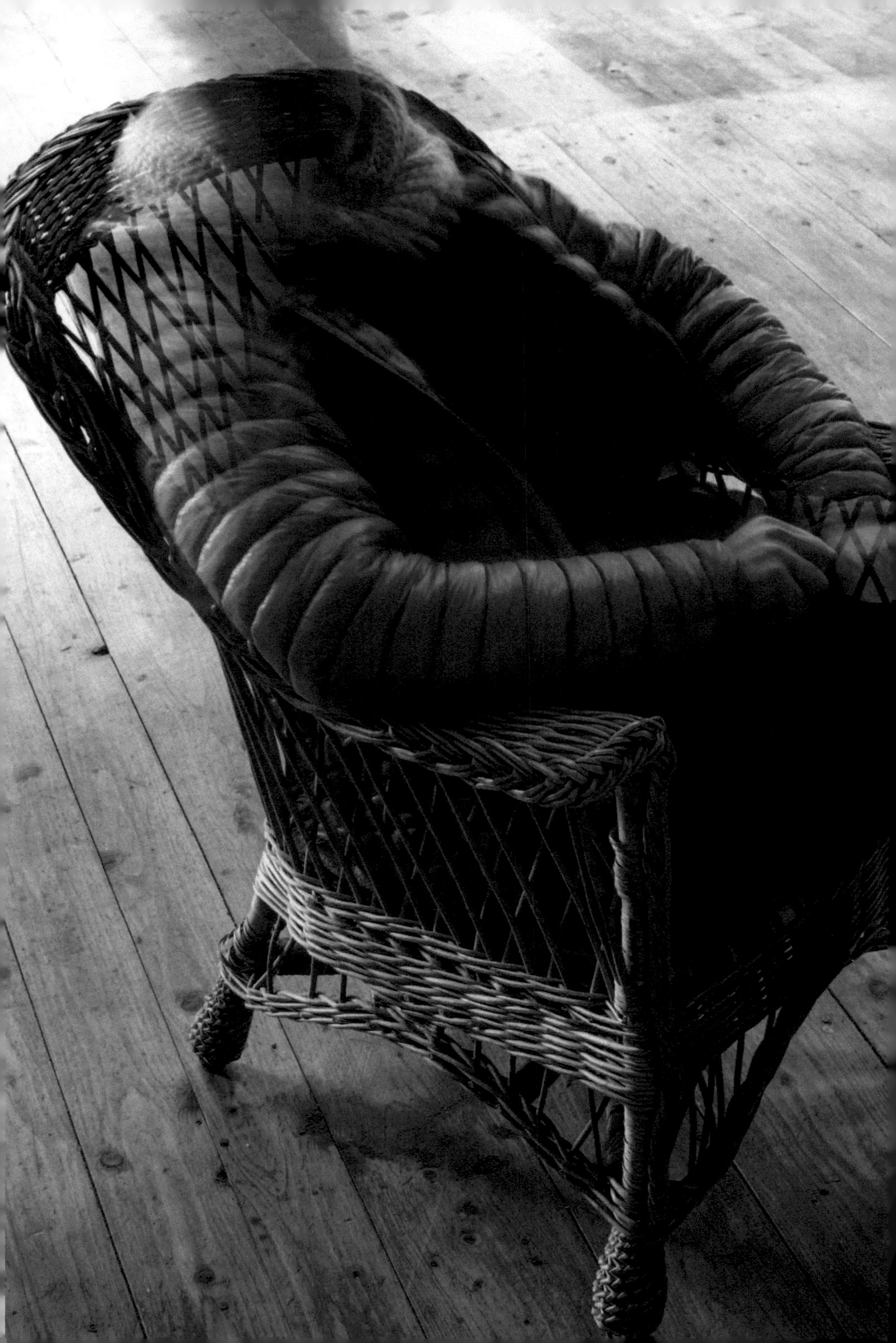

7 Entsorgte Erinnerung

Aufräumen

Journaling wird von den *life-stylisten* eindringlich empfohlen. Verstanden als eine Neuauflage der surrealistischen Praxis des automatischen Schreibens kann das eine effektive Psychoanalyse sein, *home- and selfmade.*

Es ist dann wirklich für niemanden, darin besteht der Segen der Löschtaste. Robert Seethaler (*Zwischentöne,* 31. Januar 2021, Deutschlandfunk) wurde gefragt, ob er beim Schreiben an zukünftige Leser denke. Nein, überhaupt nicht, da sei er ganz in seinen Text versunken, und er folge den sich konturierenden Figuren. Schön. Ich selbst muss jetzt bei allem, was ich tue, daran denken, dass ich das hinterlassen, hinter mir lassen werde, auch diesen Text, weil ich es versäumt hätte, ihn zu löschen.

So lesen zum Beispiel meine Kinder im Geist immer mit, das ist ein eigenartiges Gefühl. Andererseits lähmt Weitschweifigkeit das Interesse der Leser:innen, und das, was für mich jetzt wichtig ist, wird für sie, wenn überhaupt, einen anderen Sinn haben.

Es ist auch dies ein Aufräumen, ein psychisches, und ich bin dankbar für die Möglichkeit. Ich habe Zeit, Raum für mich, von allem Notwendigen mehr als genug, meine Nächsten und ich sind bislang gesund.

Weil ich schon so unfassbar alt bin – alles nur Zahlen – eilt es, und ich will streng mit mir sein, um einen halbwegs guten Abgang zu schaffen. Inshallah.

Fünf Werkzeuge werden *(: Medium daily)* für ein *gutes Leben* empfohlen:
meditation, gratitude, memento mori, minimalism, flow

Es sind Elemente der täglichen, der immerwährenden psychischen Arbeit. Ernst meinte, *gratitude* sei Mode, aber wenn schon. Dankbarkeit wurde ständig eingefordert von meinen Eltern, ihnen gegenüber. Daher habe ich dem fast lebenslang widerstanden und stattdessen geklagt. Eine traurige, eine komische Einsicht: zu denken, dass man sich durch den Klagemodus die gegebene Lebenszeit *verscherzt*.
Schade.

Kälte, Prokrastination

Zuerst dachte ich, ohne Heizung könne ich nicht im Grossen Raum, der ehemaligen Scheune, arbeiten, was sehr schade wäre, denn im Frühling und Sommer habe ich dazu wenig Zeit wegen Gartenarbeit, Besucher:innen etc.

Aber es war eine befreiende Erfahrung, dass man/frau sich an Kälte gewöhnen kann, bis zu einem gewissen Grad. +5° sind gerade noch möglich, 8 bis 10° fühlen sich ganz angenehm an. Dann vergesse ich sogar oft, noch eine Jacke anzuziehen. Drei Schichten von Pullovern, Socken und Unterhosen trage ich sowieso.

Gemütlich ist das nicht, aber ich sage mir: Kälte konserviert.

Seit mehreren Jahren heize ich meine Holzöfen nicht mehr, oder nur, wenn Besuch da ist. T. verträgt den Rauch nicht, der aus dem Schornstein zu ihm hinüberweht, und was wäre das für eine CO_2-Bilanz, würde ich so ein grosses Haus mit Holz heizen. Auch die Vorstellung, Bäume zu verfeuern, finde ich nicht behaglich. Daher gibt es nur einen Radiator im Kleinen Zimmer und die elektrische Wärmedecke in meinem Bett.

Seitdem habe ich mich hier nie mehr erkältet, und es ist mir an anderen Orten immer zu warm, Heizungsluft macht mich krank.

Könnte ich nur besser schlafen. Wäre ich meine Verhaltenstherapeutin, ich würde zuerst den Mittagsschlaf abschaffen sowie alle Tagesaktivitäten aus dem Schlafzimmer verbannen, also vor allem die Arbeit am Computer. Aber daraus wird nichts, weil mein Bett im Winter der einzige wirklich warme und rundum angenehme Ort im ganzen Haus und überhaupt auf der Welt ist, mein Fluchtort, mein Sehnsuchtsort.

Um 19 Uhr beginnt dort mein FeierAbend, mit Lektüre, Filmen, evt. Telefonaten, das müsste alles ins Kleine Zimmer verlagert werden, auch das Schreiben.

Es ist jedoch so, dass ich mich nach Einbruch der Dämmerung und zuweilen auch tagsüber nirgendwo sonst geborgen fühle. Warum? Der Blick aus dem Fenster Richtung Osten auf die Eschen, den waldigen, windbewegten Horizont, ein Stück Himmel, die Gleichzeitigkeit von Sich-einnisten-können in einem Winkel und Offenheit des Blickfeldes – das kommt mir ideal vor.

Trotzdem geht es viel zu langsam mit allem voran, Prokrastination hat mit Angst zu tun, nicht wissen, wie machen und wozu. Wozu weiss ich sehr gut, wie eigentlich auch, endlich ist genug Platz da für alles, aber die Sachen wirklich ansehen, das fällt schwer oder ist sogar unmöglich. Das gilt vor allem für das, was Esther betrifft, Fotos, Briefe, Tagebücher. Überall wo ihr Signet, das Flügelherz, übrigens ein Sufi-Emblem, auftaucht, müsste ich weinen – wenn ich weinen könnte. Seit vielen Monaten kann ich keine Tränen mehr vergiessen, früher habe ich geheult für zwei. – Esther hat mich um meine Fähigkeit zu weinen beneidet, sie meinte auch, sie habe das an mich delegiert. Kann sein, dass ich jetzt weiss, was sie meinte.

Wer weint für mich? Als ob die tränenreiche Trauer, die ja doch ein gedämpftes Gefühl ist, nun überdeckt würde von Panik (oder Resignation): alles vorbei, nichts mehr zu machen.

Das tut körperlich weh, im Bauch, am Herzen.

So räume ich manchmal absichtlich ohne Brille auf, verschiebe die Sachen oft nur. Immerhin habe ich schon zwei grosse Papiersäcke voll mit eindeutigem Abfall: alte Kontoauszüge, Rechnungen, Prospekte zum Teil aus den Neunzigern – und unter all den Papieren fand sich das *Caderno Escolar*, mein lange vermisstes Tagebuch aus Summertown, Tennessee, von 1979, das ich seitdem nicht mehr angeschaut habe. Ich werde es mit Lupe lesen müssen, wenn ich überhaupt meine Schrift noch erkennen kann. Und wenn ich überhaupt noch zum Lesen komme. Das betrifft auch Esthers Briefe, ihre Schrift war immer schwer lesbar, aber wunderschön, wie die Abdrücke von Elsterfüssen.

Versäumt

Wenn ich die alten Schriftstücke wegpacke, so gibt es durchaus ein Bedauern über Liegengelassenes, aber es ist gut, dass es wenig Papier ist, ein Koffer, vielleicht für die Schweizer Nationalbibliothek, den könnte ich ihnen schon bald anbieten. Bin ich wichtig genug? Ist das ein Ziel? Bringt das Motivation?

Die Bilanz fiele sehr bitter aus, vielleicht auch nicht, hätte ich nur diesen Koffer. Viele Geschichten kursieren über verschollene und wiederentdeckte Manuskripte – man sollte etwas darüber machen, promovieren Sie jetzt! – zumindest gäbe es einen Eintrag in unser *Büchertitelbuch* (Esthers Idee) –, das wir leider nie realisiert haben.

Irgendwann löscht vielleicht wirklich ein Orkan auf der Sonne oder sonstwo ein kosmisches Missgeschick meine Cloud und das Internet, dann sind immer noch ein paar Bücher und Papiere da, hoffentlich.

Eine Büchersammlung aufzubauen, ist auch eine Art von Prepperaktivität.

Prepper sind in, nicht mehr nur rechte Spinner, sondern Menschen wie du und ich.

Viele alte Leute geben ihre Bücher weg mit der Begründung, dass sie eh nicht mehr dazukommen, sie zu lesen oder nochmals zu lesen. Aber eine private Bibliothek, wie lückenhaft auch immer, stellt Literatur bereit für den Fall, dass irgendwann das Gespräch darauf kommt, etwas gesucht wird, und es geht nicht darum, alles durchzulesen.

Die Konfrontation mit verjährten Arbeiten ist hart. Gute Projekte, wenig daraus geworden: über Geld, Gilgamesh, Achim von Arnim, Nora Pandora ...

Es sind staubige Mappen, die in einen Archivkarton passen: Material ML. Ausserdem habe ich noch einen Stapel verschnürt: Manuskripte ML.: viele Fassungen von *Asseblick/ Dorfgeburt, Noras Haus* ...

Ohne das Cheix wäre es armselig: *Gratitude!*

»Etymologisch kommt Dank von Denken, also ist Dank das in denkender Gesinnung sich äußernde Gefühl« (Friedrich Kluge, *Etymologisches Wörterbuch,* nach Wikipedia).

Das Cheix wäre niemals möglich gewesen ohne Esther, ohne mein (bescheidenes) Erbe und die vielen Leute, die mit mir daran gearbeitet haben, weiterhin arbeiten.

Mein Anteil ist neben der körperlichen Arbeit das Finden, Erkennen, das An-der-Vision-Festhalten, nicht starr, *den Wandel begrüssend.*

Gestern habe ich einen längeren Artikel über Alan Watts gelesen, der hat gepasst. Er war ein bedeutender Lehrer der Hippies und hat früh östliche Philosophie in den westlichen Diskurs eingebracht (A.W., *The Way of Zen,* 1957).

Für mich befreiend war seine Aufforderung, sich nicht so ernst zu nehmen, zu tanzen um des Tanzens willen. Ich will mehr tanzen, auch das habe ich bislang versäumt.

Es wurde mir klar, dass ich deshalb wenig Musik gehört habe im Leben, weil ich sie, ohne mich zu bewegen, schwer ertrage. Zu heftig – Schuberts C-Dur Quintett, das Octet, die Lieder, eigentlich alles, was ich liebe, kann ich ohne Bewegung nicht aushalten.

So wären doch Kopfhörer angebracht, nein, ich muss hören, was um mich herum so läuft, ein Sich-Abschliessen auf diese Art liegt mir nicht, macht mir sogar Angst. Wie schade! Wieviel Musik habe ich verpasst! Wieviel Tanz!

Tanzen mit jemandem – Horror. Worin besteht das Trauma? Uralt. Die Angst in der Tanzstunde, dass mich niemand auffordert, und wenn, dann ist es der unansehnlichste Junge der ganzen Schar, kleiner als ich. Es gibt sogar ein Foto. Äusserst schamvoll, peinlich.

Unmöglich, sich dem Rhythmus des Partners/der Partnerin anzupassen, der Musik schon gar nicht. Die Blicke der anderen.

Bedauern bringt es nicht, wie schön, dass diese Liebe jetzt noch auftaucht. Ich muss viel denken an die Tänzerin Valeska Gert. Eine Art von wildem, sanftem Tanz kommt auch aus mir heraus, mit der Musik. Unmöglich könnte ich bestimmte Schritte und Bewegungen lernen. Gerade das wird den Alten empfohlen, als Hirntraining, sorry, damit kann ich nicht dienen, mein Tanz ist, wie mein Hirn ver-rückt und begeistert mich, mich allein, das ist doch auch etwas.

Verwünscht

Manches von dem, was ich einst im Garten auf meiner Kinderschaukel mir sehnlich für mein späteres Leben gewünscht habe, hat sich auf sonderliche Art erfüllt: Ich wollte in die Ferne, die unsichtbar lag hinter dem Waldrand, jenseits meines Horizonts, und an mehreren Orten zugleich sein können, wollte ein Leben mit Literatur und Kunst und ein Haus in einem grossen Park. Und da bin ich mit alldem und wohne sogar in einem *Parc Régional.*

Das Haus ist deutlich zu gross geraten, es ist schön, macht aber viel Arbeit, ebenso wie die Kunst, von der Karl Valentin (1882–1948) gesprochen hat. Mein Aufräumen geht manchmal auch in so etwas wie »Kunst« über, *art brut,* in Collagen, Assemblagen, Fotos.

Kunst ist Gunst und Dunst.

Lebenslanges Hadern mit dem falschen Gesicht. Mit »false faces«, Masken, tanzten die Irokesen den Winter zuschanden.

Bei Loriot gibt es eine Szene (*Das Filmmonster,* 1977), in der die Interviewerin ihrem fürchterlich aussehenden Gast, einem Horror-Filmdarsteller, ein Kompliment für seine tolle Maske macht und der erstaunt zurückfragt: »Wieso Maske?«

Ich lese Byron (1788–1824) *Die Umgestaltung eines Missgestalteten,* ein Drama. Der Plot ist blöd: Es werden dem Helden von einer Mephistogestalt alle möglichen Schönheiten angeboten – aber die Klage über das eigene Aussehen und die Erfahrung, von allen, auch der eigenen Mutter, abgelehnt zu werden, ist es wert. Ich kenne das, es ging nicht nur um das Geschlecht. Eine hübsche Tochter wäre annehmbarer gewesen. Wenigstens intelligent, was immer darunter verstanden wurde, man hat mich bereitwillig in den Büchern verschwinden lassen. Andererseits habe ich Zuwendung von den allerbesten Menschen bekommen, die sich um Aussehen nicht scherten, die ich durch Reden, manchmal Schreiben gewinnen konnte.

Ich habe immer gegen befürchtete Abneigung angeredet, die Einsamkeit geliebt, kein Wunder.

Nachts um zwei Uhr weckt mich ein Piepen: K. schickt ein absolut furchtbares Foto von mir und G. im Wintergarten, zum Glück habe ich das erst heute Morgen geöffnet. Es besteht kein Zweifel, dass ich so aussehe, aber es ist ein eher gleichgültiger, kein liebevoller Blick. Der fällt nur auf ihren wunderschönen G., ich sehe daneben wie eine Kröte aus, mit schwarzer Decke und schwarzem Shirt entsteht ein voluminöser Umfang, die Augen sind klein, am schlimmsten der offene Mund, in dem man keine Zähne sehen kann. Diese Konfrontation mit meinem Aussehen, wie es meinem Gegenüber erscheint, ist sehr hart. Trotz vieler Spiegel hier sehe ich das nicht so, aber *so sieht es aus*. Das Leben als Troll, als alter Troll.

Entsorgte Erinnerung

Ich unterhalte mich damit, meine Fundstücke endlos auszulegen, sie dann mit Tüchern zu bedecken, oft vergesse ich sie jahrelang, wage es selten, etwas davon wegzuschmeissen. Steine, Hölzer, Textilien.

Wegschmeissen heisst, auch die mit den jeweiligen Dingen verbundene Zeit in die Tonne zu treten und den endgültigen Verlust von Potential zu akzeptieren.

Das wird von *Marie Kondo* (* 1984) und ihrer Gefolgschaft vielleicht nicht hinreichend berücksichtigt. M.K. ist eine japanische Bestsellerautorin (sieben Millionen verkaufte Exemplare) und ein Superstar auf youtube, die ihrem Publikum hilft,

Ordnung zu schaffen, entbehrliche Sachen zu entfernen und einen minimalistischen Lebensstil zu entwickeln. Alles, was längere Zeit nicht gebraucht wurde und jetzt nicht glücklich macht, muss weg.

Im Kampf gegen *stuffocation* (James Wallman, *Stuffocation. Living more with less,* 2015) wird bestimmt viel aufgehäuftes Gerümpel, unnütz Gekauftes, veraltete Geräte, nicht mehr tragbare Kleidung etc. entsorgt. Für Messies bedeutet das viel.

Die Befreiung von vermeintlich Überflüssigem bringt allerdings auch die Entsorgung von Erinnerung mit sich und führt kontinuierlich dazu, immer neue Sachen anzuschaffen.

Statt eigenen Krempel zu stapeln, erwirbst du die schnell wechselnden Produkte der Konzerne, minimalistisch, im Hier und Jetzt: Futon, Rollkoffer, Notebook, das wars.

Was für eine Befreiung. Erinnerungen haften an Räumen (Gaston Bachelard, *La Poétique de l'espace,* 1957). Früher besassen oft selbst die Ärmsten, die *Häusler,* wenigstens ihr Haus.

Geldverhältnisse anonymisieren die modernen Abhängigkeiten: Miete, Pacht, Steuern, Zinsen, wer nicht zahlen kann, muss gehen. So einfach.

Haus und Haut

»Ach, das arme, liebe Haus! Als ich seine Schwelle überschritt, war es mir, als ließe ich ein Stück von meiner Haut zurück.«
Hector Malot, Sans Famille/Heimatlos, 1878

Es leuchtet schnell ein, dass die Wörter *Haut* und *Haus* derselben indogermanischen Sprachwurzel entstammen, das gemeinsame Urwort ist *kjell,* es bedeutet *das Umhüllende* und *das Umhüllte.*

Zu diesem Stamm gehören folglich auch Wörter wie *Hülle, Höhle* und *Hölle, Hülse, Hoden* und hohl …

Wie die Haut das Skelett, die Gefässe und Organe, das Gehirn umgibt, so bildet das Haus eine weitere umhüllende Schicht, die unsere Körper schützt vor Kälte und Hitze, vor unbefugten Eindringlingen, vor Blicken und Schritten. Es schafft Raum für soziale und individuelle Entfaltung, es nimmt die Spuren seiner Bewohner:innen an. In Räumen lagert sich Erinnerung ab. Aber mit der von den Arbeitsverhältnissen geforderten Mobilität und der Normierung von Wohneinheiten verlieren auch Erinnerungen ihren materiellen Halt.

Unbehaust

Alleingepfercht
stand an der Wand ach
du mein Stamm Heim
Hubschrauber
überm Planquadrat
und das Kind –

Spielen

G.B. sieht mein Haus als ein Spielhaus, in dem ich, wie ich selbst hinzufüge, den ganzen Tag herumtändele. Aus meinem Puppenhaus nämlich (cf Henrik Ibsen, *Nora oder ein Puppenheim*, 1879) hat sich nicht die Mutter entfernt, sondern die Kinder, wie es sich gehört. So gehe ich um mit Figuren und Lemuren und warte auf Kinderbesuch. Wenn die Enkel endlich da sind, zwei, dreimal im Jahr, wenn es hochkommt, bin ich froh.

Miro hat eine Nudel S-förmig an die Fensterscheibe geworfen, die bleibt nun da, bis er so gross ist, dass er sie selbst wegnehmen kann.

Mit Cos haben wir auf der Wiese ein Kinderhäuschen gebaut, aus den Resten vom ehemaligen Entenstall, der weichen musste, um Platz für einen *Hot Tub* zu machen. Gestern wollte Cos, nachdem er die Augen aufgeschlagen hatte, gleich anfangen, das geplante Haus zu bauen, für sich und Miro, seinen Cousin. Es ging dann sehr gut, unser ephemeres Bauen, die vordere Entenstallwand wurde mit dicken Ästen abgestützt, Seiten und Dach aus Paletten und Schilfmatten errichtet, und zum Schluss alles festgebunden – fertig! Er war selig, und der ganze Vormittag war wunderschön, ein sonniger, leuchtender Tag. Wir haben Bauarbeiterpause auf der kleinen Insel gemacht, mit Picknick, sehr vergnüglich. Als das Haus »fertig« ist, lädt er auch seinen Vater zum Essen dorthin ein, es gibt ein Türchen zum Durchkriechen für Kinder – T. hilft ihm mit einem Verschluss – und eine Öffnung für Erwachsene. Heute Morgen stürmt es wieder, mal sehen, ob das Teil noch steht.

Am Abend habe ich die beiden Buben auf je eine Tapetenrolle gelegt und umzeichnet, sie malen alles ganz schwarz aus, wollen *Batman* sein, mit spitzen Ohren, sich die ausgeschnittenen Papiere als eine Art Ganzkörpermaske umhängen und Till erschrecken. Dann haben sie gespielt, dass Miro elektrisch ist und ein Baby, aber ein ganz starkes Baby.

Wir spielen dann Fangen mit einem bunten, weichen Ball, sehr schnell hin und her, Cos erfindet, dass der Ball heiss ist und man ihn deswegen schnell weitergeben muss. Wir haben sehr viel Spass, aber ich kann nicht aufhören, dabei zu denken: Noch kann ich das, bald bin ich tot, er soll sich daran erinnern, an diesen einzigartigen Moment.

Am Nachmittag haben wir auf der Decke gelegen und Wolkentiere betrachtet, sie zogen sehr hoch oben dahin, federleicht, das war sehr schön. Beide Kinder sind von einer bestürzenden Lieblichkeit, noch ganz zugewandt, arglos und voller Vertrauen. Cos wird im Juni fünf, in Berlin oder in South-Dakota. Er erinnert sich sehr genau an alle die Orte, an denen er abwechselnd wohnt, verfügt im Geist über seine Spielsachen dort.

Wie schade, dass sie gehen. Ich habe gedacht, wenn sie fort sind, ist es nicht mehr wie vorher ohne sie, sondern durch ihre Anwesenheit hat sich alles verändert, auch die Art des Fortseins. Ein heftiger Schmerz, wenn sie wegfahren, denn das nächste Mal werden es sehr andere Kinder sein. Bei der Trennung von Erwachsenen ist es natürlich auch so, nur fällt der Wandel nicht so auf. Es gibt ein letztes Frühstück im Grossen Raum, Miro und Cos stellen noch einmal die Sitzkissen zu Dominos auf und lassen sie fallen.

Miro, der im Auto barfuss, mit Kopfhörern und Sonnenbrille im Kindersitz Platz nimmt, vor sich ein Tablet, das am

Vordersitz befestigt ist, mit Spielen für die Fahrt. »Il capitano«, ist Tills Kommentar.

Jedes Mal wachsen sie mir mehr ans Herz. Was für eine Freude, sie sich entwickeln zu sehen! Im Grund arbeiten wir hier und jetzt daran, sie mit ihren künftigen Träumen und Phantasien auszustatten und bemühen uns um die Inszenierung von magischen Momenten.

8 Aufgehoben, Assemblagen

Der deutsche Philosoph Georg Wilhelm Friedrich Hegel (1770–1831) »sah in dem Wort *Aufhebung* den spekulativen Geist der Sprache, der in der Lage ist, gegensätzliche Bedeutungen in einem Wort zu vereinen. Er stellte die drei Momente der dialektischen Aufhebung folgendermaßen dar:
- die Beendigung, Überwindung einer Entwicklungsstufe (Negation, tollere), zum Beispiel die Aufhebung eines Gesetzes, Erlasses,
- das Erhalten ihrer zukunftsträchtigen Seiten (Aufbewahrung, conservare),
- die Integration dieser Seiten in die höhere Stufe der Entwicklung, wodurch sie eine neue Funktion erlangen *(Erhöhung,* elevare), im Sinne von etwas vom Boden aufheben.«
WIKIPEDIA

Mit aufgehobenen Dingen lassen sich allenfalls noch individuelle Räume schaffen, im Auslegen von Habseligkeiten, in der *Einrichtung,* entsteht ein Bild der jeweiligen Person oder der Gruppe. Wenn die Erinnerung nicht mehr möbliert wird, weil alle Gegenstände normiert und austauschbar sind, kann nur die Kunst noch den Zauber von unvermutet zusammentreffenden Dingen sichtbar machen.

Die Künstlerin Alicja Kwade, *1979, etwa versammelt ausgesuchte Objekte zu Raumskulpturen von grosser Schönheit und Aussagekraft.

Assemblagen, *found footage,* können als Texte (oder Filme) gelesen werden, deren Alphabet aus den ausgewählten Objekten besteht. Es gibt keine grammatische Regel, nur, bestenfalls, eine *Vision,* die *Ein Sicht,* wie die Dinge sich neu gruppieren lassen, nicht zu vergessen ist der *Zu Fall.* Ordnung und Systematik am Anfang, die Auslegeordnung, gehören zum Prozess.

Ich wollte, vielleicht entscheidungsschwach, in meinem Interieur möglichst wenig festlegen, nicht schrauben, nageln, kleben, löten, damit meine Auswahl vorübergehend ist, ein Angebot, ohne Aufwand revidierbar.

Auf *ephemere* und doch haltbare Konstruktionen hatte ich es abgesehen – Bindungen, Verflechtungen, Verknüpfungen, Klammern, sogar Gewebe lassen sich lösen, auftrennen, und etwas Neues kann entstehen.

Man fällt niemandem mit auftrumpfenden Werken auf die Nerven, Assemblagen existieren oft nur im Moment, für eine Ausstellung, ein Foto, einen *Augen Blick* ...

Charles' Place

Vor langer Zeit habe ich auf der Zorthian-Ranch oberhalb von Los Angeles ein paar Wochen lang *Charles' Place* bewohnt, in einer kleinen Schlucht, unter Eukalyptusbäumen, und dort von morgens bis abends geräumt, um einen neuen lebbaren Platz zu schaffen.

Sein Ort war seit mehr als zwei Jahren verlassen. Viel Zeug, vieles kaputt, lag herum im trockenen Laub. Bei mir bis heute sind ein kleiner blassblauer Navayo-Teppich und eine gestreifte Decke in allen Farben, beide handgewebt, die ich aus dem Dreck gezogen habe.

Charles kannte *Native Americans*, sie hatten ihm ein grosses Tipi errichtet, in dem er viele Jahre lebte. Es war voll von schwarzem Schimmel und musste abgebaut werden.

Bevor er ins Sterbehospiz ging, hat es ein grosses Fest gegeben, mit Feuerwerk und Musik, ein Foto davon, das Kea mir geschickt hat, habe ich aufgehängt. Charles war Künstler, Messie, wohnungslos und schwarz. Er hat seiner Tochter und allen Freunden auf der Ranch gesagt, sie sollen zu seinem Platz gehen und nehmen, was sie wollen.

So ist es wohl in Ordnung, dass ich diese Sachen habe.

Krug

Dieser (auch) perverse Hang zu den Sachen der Toten.

Brockenhäuser, Flohmärkte, Dachböden.

Nachdem das Ghetto von Kowno geräumt worden war, die Bewohner ins KZ transportiert, sagte am Ende der Aktion der leitende Oberscharführer zu seinen Untergebenen: »Nehmt euch, was ihr gebrauchen könnt!« Da hat sich unsere schöne Nachbarin, so nannten wir sie, die als *Nachrichtenhelferin* für ihn gearbeitet hatte, zum Andenken einen Kupferkrug mitgenommen und daheim auf ihre Kommode gestellt. Von dessen Herkunft hat sie mir freimütig, ja stolz berichtet. Sie galt im Dorf als kultiviert, liebte klassische Musik, nahm mich mit zu Sonntagskonzerten ins Schloss Richmond bei Braunschweig –

mein Entsetzen über den Krug und seine Vergangenheit glich dem über eine ausgebreitete leere Kalbshaut auf dem Hof des Schlachterladens in Remlingen – beides ereignete sich etwa zur selben Zeit. Ich war dreizehn oder vierzehn Jahre alt.

Seitdem gibt es neben der Faszination, der Liebe zu alten Sachen auch einen Ekel und einen Hass auf die, die unbeschadet alles überleben, gleichgültig, oft ohne eine Spur, ohne einen Hauch ihrer einstigen Besitzer sehen zu lassen.

Ernst hat einen ganzen Berg voller Kleider von Esther auf dem Estrich gelagert, den ich ansehen muss. Nicht daraufhin, ob ich etwas gebrauchen kann, sondern ob ich es ertrage, dass jemand anderes es trägt.

Einmal hat Ernst zu seinem Schrecken eine Frau in der New Yorker U-Bahn gesehen, die die gleiche Jacke trug, in der Esther kremiert wurde. Ich hatte ihr die aus einem *thrift-shop* mitgebracht, und Esther hat sie nur bei festlichen Gelegenheiten getragen.

Sachen, Sachen. Was ist ein Messie? Seine/ihre Obsession gerät ausser Kontrolle. Er/sie hängt sich an die falschen Sachen.

Fundus

Ich habe alte T-Shirts nach Farben sortiert, in Streifen geschnitten, Teppiche daraus gewebt. Immer noch sind meine Schubladen voll der allerschönsten Seidenreste. Im Kopf habe ich schon zu lange en détail das Bild der Decke, die ich daraus knüpfen möchte. Wie in einer Tropfsteinhöhle sollen die Stoffenden vom netzbespannten Plafond herunterhängen.

Irgendwann, wenn mit der Realisierung der Projekte zu lange gewartet wird, verkommt ein Fundus zu Plunder.
Projektariat stand in Berlin an meiner Tür.
Zum Glück hat T. Holzgestelle auf Rollen für mich gebaut, mit vielen Fächern, das erleichtert die Übersicht über den angesammelten Krimskrams.

Zufall, Abfall

Wir waren mit einer grossen Fuhre in der Déchetterie im nächsten Dorf, um die Gipskartonreste aus der Mühle zu entsorgen. Als T. das ankündigte, habe ich alle Säcke mit Plastikflaschen dazu gepackt, die lagerten schon seit Jahren dort, weil ich sie nicht in den Normalmüll werfen wollte. Jetzt gibt es dort tatsächlich einen kleinen Container für Plastikflaschen, und ich bin sehr froh, sie endlich los zu sein. Es ist immer ein tolles Gefühl nach der Entsorgung – ein scheussliches Wort, Juden wurden von den Nazis »entsorgt« etc. – also nach der *déchette*, auf einem grossen Platz mit versenkten Containern ringsum, für Holz, Metall, Grünabfall, Glas, Papier – und »Encombrage« – da kommt einfach alles rein. Man schaut und fischt, sehr selten, etwas Brauchbares heraus, was eigentlich verboten ist. So haben wir einmal zwei schön geschnitzte Schranktüren gefunden und geborgen, eine für jeden von uns.

Gestern stand ein kleines ikonenartiges Heiligenbild auf dem Containerrand, T. meinte, das sei ein gutes Omen. Wofür? Überhaupt. Fast hätte ich es mitgenommen, es war billig, aber hübsch gemacht, das Ikonenhafte verfremdet für mich den üblichen christlichen Kontext, und es wird deutlich, wie die idealisierte Darstellung von Mutter und Kind eben diese Beziehung heiligt und damit auch im Alltag schützt. Der goldgewirkte Hintergrund schimmert so durch den Alltag. Fühlt sich ganz anders an als unser Schmerzensmann.

Wenn ich auf diese Weise daran denke, sollte ich hinfahren und es holen. Nein, die Gelegenheit ist vorbei, ich bin alt, will nicht mehr anhäufen, habe schon zu viele Bilder und das Internet.

Aber es war poetisch anzuschauen dort auf dem Container, und ich hätte das Teil retten sollen. Vielleicht hatte jemand anderes den Impuls.

Vielleicht hätten wir beide, T. und ich, es genommen, wenn wir allein gewesen wären, seltsamer Gedanke, die Scham vor dem Sakrosankten.

Mit seinem Satz vom guten Omen hat er den vergoldeten Heiligenschein auf diesem kleinen unscheinbaren Bildchen über den ganzen Platz ausgebreitet – das ist natürlich überinterpretiert, fiktional, warum nicht.

Hausboot

Neulich habe ich mir die Dokumentation *Hausboot* angeschaut, eine Miniserie, vier Folgen, dokumentiert wird die *Entkernung* und der Wiederaufbau eines Hausboots, das die Protagonisten – der Musiker Olli Schulz und der Allrounder Fynn Kliemann – gekauft haben von der Tochter des Musikers Gunter Gabriel (1942–2017), der von einer Treppe gestürzt und gestorben ist. Man sieht ihn am Anfang in seinem Boot, ein bisschen verfettet, mit seiner blonden Tochter Yvonne, der er irgendetwas Wertvolles zeigt, und sie fragt ihn: »Hast du eigentlich schon mal dein Testament gemacht?«, und er: »Nö, nach mir die Sintflut.«. Die kommt dann auch in Gestalt der Entsorgung seiner gesamten Einrichtung, die Tochter nimmt sich ein paar Bücher und Bilder und verschwindet, die beiden neuen Besitzer sind überwältigt von ihrer Aufgabe: Alles muss weg, sie kannten auch Gunter Gabriel nicht persönlich, was sollen sie mit seinem Kram. Also ab in die Wanne. Der Anblick dieses zerschredderten Lebens ist nicht ohne. Irgendwann sagt Olli Schulz, auch schon grauhaarig: »Ich will dann bei mir aufräumen, damit mir das nicht passiert.« Beide wollen aufhören, Alkohol zu trinken.

Sie haben zwanzigtausend Euro für den Kauf ausgegeben und eine halbe Million für die Renovation. Sie sind da ganz ahnungslos reingeraten, mussten immer wieder entscheiden, ob sie wirklich weitermachen wollen, waren aber schon zu tief drin. Der Geldbeschaffer war Olli Schulz, über seine Quellen wird im Film nichts bekannt. Immerhin ist es ihnen gelungen, diese Doku an netflix zu verkaufen. Es sollte ein Ort für Musiker werden, ein Aufnahmestudio, wo die Musiker übernachten und chillen können, eine kleine Bühne – alles hochprofessionell, chic, gediegen.

Sachen

Wie ein komischer Laubenvogel habe ich Sachen, die niemand haben wollte, in all den Jahren in meinen Bau geschleppt, oft mit der Einbildung, sie retten zu müssen, sie zu befreien aus einem unwürdigen Kontext.

Bei mir mussten sie nicht wie beim Seidenlaubenvogel alle blau sein, nur anregend, das Ensemble muss auch keiner Frau mehr gefallen, und wenn ich tanze, dann nur für mich.

Für *commodities,* gekaufte Waren, ist da weder Raum noch Geld vorhanden.

Geldmangel störte mich nur, wenn etwas zu bezahlen war, Gebühren, Rechnungen, das Unvermeidliche. Not habe ich nie gelitten, hatte immer ein Dach über dem Kopf, mehr als genug zu essen. Der »Liebesblicke« werfende Warenzauber (Karl Marx) verlockte wenig, stattdessen habe ich aufgehoben, was ZuFall und Geschenke an meinen Strand spülten, Bücher und Bilder, Körbe, alte Blechdosen, bestickte, gehäkelte, gebatikte, gewebte Decken, Puppen, Schaukelstühle und vieles mehr.

Vor mir liegt der Pierrot, den meine Kinderfrau für mich genäht hat vor mehr als siebzig Jahren, mit einem geblümten spitzen Hut, der Körper aus grauweiss kariertem Anzugstoff, das Gesicht gestickt auf einen ausgestopften Seidenstrumpf, er guckt immer noch ein bisschen verkniffen mit seinem gestichelten Mund. Daneben ein pinkes, wollhaariges Wuschelwesen, ein Geschenk der kleinen Kea.

Stille Post, Karten und vorbei

Es fällt mir schwer, die angepinnten Kunst-Postkarten abzunehmen, einzupacken und zu versorgen. Aber was für einen Sinn soll es haben, alle Wände damit zu bepflastern? Ausgelöst hat diese Manie der vor Jahrzehnten gesehene Film *Les Carabiniers* von Jean Luc Godard (1962), in dem zwei Soldaten als einzige Kriegsbeute einen Koffer voller Ansichtskarten heimbringen und die vor ihren staunenden Gattinnen ausbreiten.

Meine Postkarten sind meine Lebensbeute, meine Kunstsammlung, es sind die Bilder, die während eines langen Lebens nicht verloren gingen. Würde ich sie in Alben oder Kisten versorgen, gerieten sie wohl bald in Vergessenheit.

So vieles, was jetzt beim Räumen wieder auftaucht, war ganz weg und wurde nicht vermisst. Anschauen tut weh, die Zeichnungen, die Widmungen von Esther …

Was sollte ich aber tun ohne das Bettlerpaar von Georges de la Tour, ohne die Dame mit dem Einhorn, die Schwarzen Madonnen, den Garten der Lüste, den Affen von Velazquez, ohne die Portraits von Meret Oppenheim, die Puppen von Hannah Höch, wie würde ich verzagen ohne das Lumpengespenst von Paul Klee, und die Mädchenmaske Mwana Pwo, die weibliche Ahnen verkörpert.

Die blosse Aufzählung, eine Liste dieser Namen und Titel reicht, ich kann sie vervollständigen zu meinem *musée imaginaire* – alle seine Tableaus waren mir so lange vor Augen, darum kann ich sie *er innern,* vor meinem inneren Auge in Gedankenspielen zu immer neuen Versammlungen aufrufen – und wie Friederike Mayröcker über ihre Erfindung des *Proems,* einer Mischform aus Poesie und Prosa, schreibt »bin ich so glücklich, dass ich das noch erfunden habe«.

Viele der Bilder, die ich von der Wand nehmen würde, wären sicher im Internet zu finden, sogar mit kulturhistorischem Hintergrund, auch problemlos mitteilbar, was grossartig ist.

Aber *so* kommen wir lebend nie wieder zusammen.

Mit einigem Vergnügen, in Gedanken an die entsorgenden Nachkommen, bereite ich eine Vernissage vor, die erst nach meinem Tod stattfinden wird, wenn überhaupt.

Wozu also aufheben? Es gibt die Sehnsucht nach einem bilderlosen Raum, früher dachte ich, dass ich am Ende meines Lebens an irgendeinem Strand leben könnte, Muscheln und Treibholz sammeln würde – alles Kitsch, nicht zu realisieren, abgesehen davon, dass viele Strände mit Plastik übersät und für mich schwer erreichbar sind.

Mein Sammeltrieb, keine Ahnung, was dahintersteckt. Dieses An-sich-raffen, Nicht-loslassen-können, wie peinlich.

So wäre die selbst gestellte Aufgabe einer geordneten Hinterlassenschaft nur Vorwand? Vorwand für ein unablässiges Spiel mit verdorbener, vergeudeter Zeit, vergilbtem Ramsch? Ist das Selbst-Vergewisserung?

Leider ist mir klar, dass ich bei aller schonungslosen Einsicht in das Problem doch nichts ändern werde, vorerst wird nichts weggeschmissen, was auch nur von fern noch irgendwann auf Interesse stossen könnte, gewiss nicht von mir.

Bei den verschnürten *Geos* und vielen Jahrgängen *National Geographic* unterm Bett zum Beispiel denke ich an meine Enkel, wie die, wenn sie Teenager sind, dort Tiere, Menschen, Landschaften entdecken könnten, die es dann vielleicht nicht mehr gibt. Geschichte. Was sind wir denn ohne Geschichte, ein Rauch »und die Wärme ging auch« (Brecht, *Erinnerung an Marie A.*).

Wie dieses »vorbei, vorbei« einem Windstoss gleicht, sanft und heftig zugleich, der alles mit fortnimmt.
»Vorbei« – das ist auch nur ein Mantra, unklar wie heilsam.

Ariane Mnouchkine (*1939), die Prinzipalin des legendären Pariser Théatre du Soleil, hat vor Jahren (Uraufführung 27. Dezember 2006) ein Stück gemeinsam mit den Schauspieler:innen entwickelt: *Les Ephémères,* das aus einer Reihe von erinnerten Alltagsszenen besteht – das Elternhaus wurde verkauft, ein Picknick mit den Grosseltern am Strand –, die jeweils auf kleinen runden fahrbaren Podesten gespielt wurden, jedes eine Welt für sich, realistisch ausgestattet und beleuchtet, am Anfang und Ende von schattenhaften, schwarz gekleideten Darsteller:innen in den und aus dem verdunkelten Bühnenraum gerollt.

Text und Textil

Die Wörter *Technik, Text* und *Textil* gehen auf das lateinische Verb *texere,* weben, flechten zurück, sie bezeichnen ein jeweils kunstvoll Zusammengefügtes, Geknüpftes, Verflochtenes (Duden, *Das Herkunftswörterbuch*). Daher personalisiert der antike Mythos die Mächte, die unseren Lebensstoff schaffen als Textil-Künstlerinnen.

Ovid erzählt in den *Metamorphosen* (1 n. Chr. bis 8 n. Chr.) vom Schicksal der Arachne, einer Virtuosin der Webkunst, die es wagte, Athene, die Schwester Apolls, zuständig für Kunst und Handwerk, zu einem Wettbewerb herauszufordern und von ihr in eine Spinne verwandelt wurde.

Die Göttliche webte in ihren Teppich kriegerische Szenen, die ihren Sieg über die aufrührerischen Titanen darstellten, mit konventioneller Umrandung.

Arachnes Werk war offensichtlich dem ihrigen überlegen, die menschliche Rivalin soll einen farbenprächtigen Teppich gewebt haben, der täuschend echt Verführungs- und Vergewaltigungsszenen der männlichen Götter Zeus und Poseidon zeigte, und den die unsterbliche Männerfreundin Athene wütend zerriss.

Danach wollte Arachne sich umbringen, aber die Göttin war gnädig und liess sie als Spinne ewig weiterweben.

Bei der Geschichte handelt es sich um eine Umkehrung, um Ätiologie: weil zuerst die Spinne da war, *spider woman*, der die webende Frau ihre Kunst abgeschaut hat. Im indigenen Mythos übrigens ist die Spinne kein Ekel, sondern wird als Kulturbringerin verehrt.

Unser Schicksal spinnen die Moiren, ihre Namen sind »Klotho, Κλωθώ«, deutsch die Spinnerin »Lachesis, Λάχεσις«, deutsch die Zuteilerin und »Atropos Ἄτροπος«, deutsch die Unabwendbare (Wikipedia).

Klotho spinnt den Lebensfaden, Lachesis bemisst ihn und Atropos schneidet ihn ab. Sie sind nicht als Einzelne gedacht, sondern agieren immer in Beziehung. Als Dreiheit gestalten sie kontinuierlich unseren Text, das komplizierte Muster der Lebensgeschichten, und deren Verlauf erscheint, gesehen vom Tod, vom Ende her, folgerichtig und unabwendbar.

Wenn ich mir die drei als Persönlichkeitsanteile denke, macht es Sinn.

Kleider fragen

Sag mir mein Kleid
meine Freud
mein Leid Schleier
und Rüstung, wann
kann ich dich tragen, du
schwere los, ich
alter Sack, das letzte
Hemd hat keine Taschen, ich
wünsche mir
einen Sari, sehr bunt und
angezogen eingewickelt
fürs Feuer bin ich wie immer
leicht
brennbar. Kleider
fragen, ob sie
mir stehen, das
sind Sorgen, Kleider
sorgen: du Saum
selige! eine Naht
auftrennen befreit
quellendes Fett und
den veralteten Schnitt
ändern und gendern, das
Verlangen nach
Puppen Kleidern
wird zuletzt noch
berücksichtigt, wenn
der Stoff fällt.

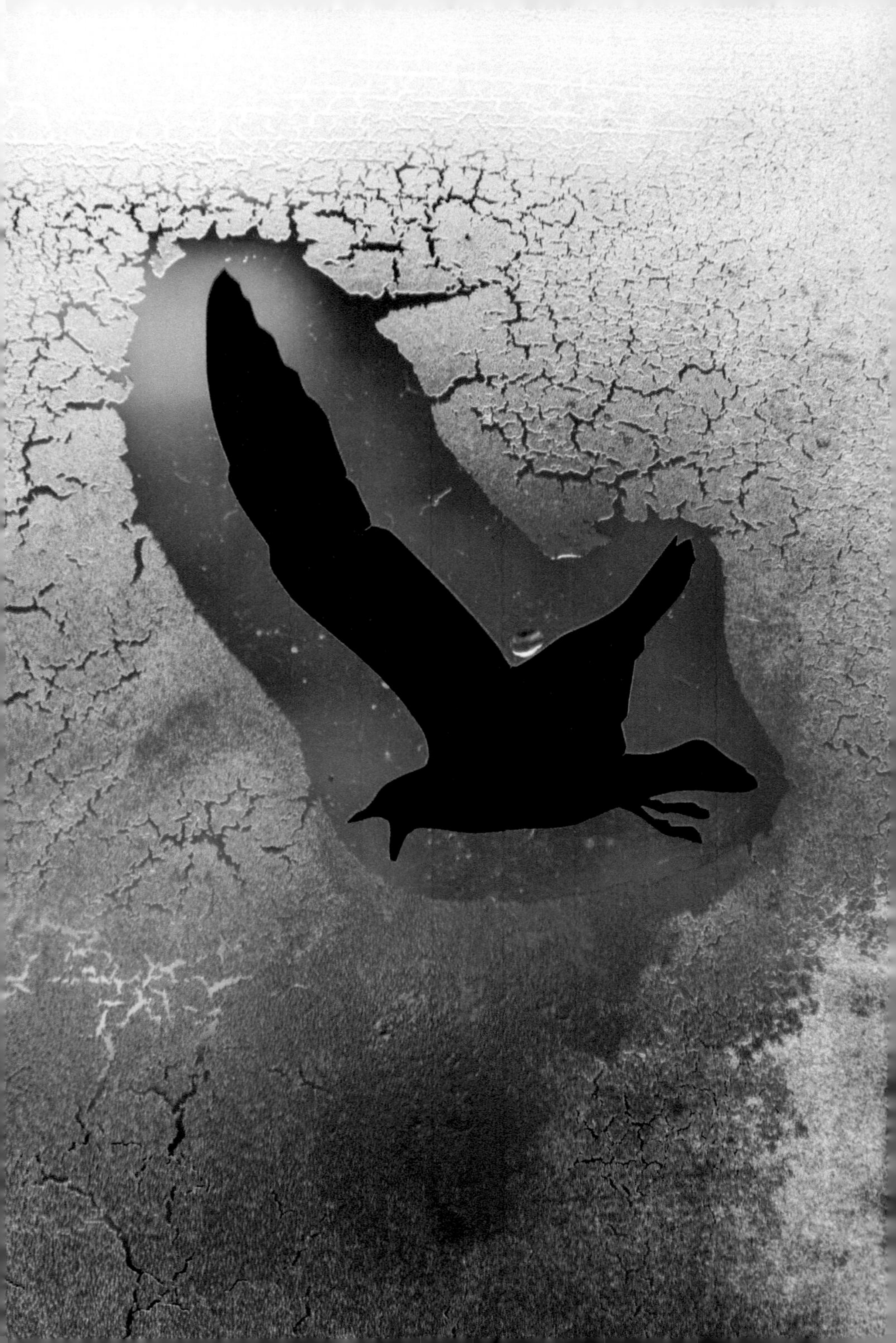

9 Letzte Dinge

Weg-von-hier

Die Verlorenheit im Kosmos, oder das Aufgehobensein, was gilt zuletzt?
 Vor langer Zeit, fast fünfzig Jahre mag das her sein, ich war unvorstellbar jung, da habe ich geträumt – nachdem ich Segelflieger im Fernsehen erstmals gesehen hatte, dass ich ein Flug-Kleid trage, abwärts gleite, in die Arme der unten Wartenden.
 Sind das meine Toten?

ob noch was kommt?
noch was?
es ist genug.

»Es ist ein köstlich Ding, dass das Herz fest werde, welches geschieht durch Gnade« (Hebr. 13,9), das war der mir zugedachte Konfirmationsspruch, ein wohlmeinender Wunsch für die weit entfernte Zukunft.

Ich sehe mich noch am Altar stehen, knapp vierzehnjährig, schmächtig, mit Dauerwellen, in einem schwarzen Taftkleid und Stöckelschuhen vor dem ersten Abendmahl – auch weil ein Foto existiert. Neben der Konfirmandenschar posierte in Talar und Beffchen der zufrieden lächelnde Pastor F., der am selben Tag Geburtstag hatte wie ich. Nie hatten wir bis dahin versäumt, einander zu gratulieren. Ich glaube, ich habe seine Kirche seither nicht mehr betreten, ausser zu Taufen und Trauerfällen in der Familie. Vorgeblich wegen religiöser Zweifel, Missionierung, Kolonialgeschichte, Patriarchat, aber es steckte wohl noch mehr oder auch anderes dahinter.

»Jesus died for somebody's sins, but not mine« (Patti Smith, *Gloria,* 1975).

Für meine Mutter war das ein Kummer, sie hat immer für mich gebetet, und das war ehrlich, nicht scheinheilig wie sonst manches, vielleicht hat es ja geholfen. Ein festes Herz, manchmal fühle ich, wie es fest wird, ohne zu härten.

Sie wäre sicher unter denen, die mich auffangen am Ende – mit Katharina G., mit Karen, Anke Rixa, Stephen, Lothar, mit Esther – mit allen innig Geliebten.

Sie waren im Traum nicht zu erkennen, nur wohlwollend, zugewandt, freundlich.

Jede:r durfte einmal, ein einziges Mal fliegen, und es gab kein Bedauern. Es war eine Rückkehr, eine umgekehrte Geburt.

So viel schuldig bleiben – eigentlich alles. Wem? Den Kindern, meinen, allen Kindern, ich habe wie fast alle ver-sagt, nicht hinreichend widerstanden der ökologischen Massenvernichtung. Und ich habe mitgemacht wie alle, wenn ich auch nie einverstanden war. Umso schlimmer. Eine Weile habe ich tatsächlich gemeint, ich hätte 1961 den Bau des Atommülllagers Asse unter den Feldern meiner Familie verhindern können. Es gab damals schon Widerstand, aber ich wollte nur weg aus Remlingen.

»Weg-von-hier – das ist mein Ziel« (Franz Kafka, *Der Aufbruch,* 1922).

Da war ich ja vielleicht zu jung, aber heute protestieren Kinder gegen die Duldung der Klimakatastrophe. Ich habe die »Taufsteine« und den »Asseblick« geschrieben, von Gilgamesh erzählt, ein paar Kolumnen verfasst, den Verein »lesart« gegründet, das ist aber auch schon fast alles. Auflage unter dreitausend, Publikum selten mehr als zwanzig Leute. Heute könnte ich vielleicht Influencerin werden, auf youtube, naja.

Diese heimliche Grössenphantasie »wäre ich nicht träge und abgelenkt gewesen, ich hätte zumindest etwas von der Welt retten können«, die mag töricht sein, ist aber unausrottbar. »Ausrotten«, ein Nazi-Begriff, kommt von »ausroden«, gehört zu Blut&Boden, eines meiner Projekte hiess »Mut und Boden«.

Letzte Dinge

Als Ischtar (oder Innana), die sumerische Göttin der Liebe und des Krieges, nach allen ihren Ländereien auch das Totenreich besuchen wollte, das ihrer Schwester Ereškigal unterstellt war, musste sie am Eingang alle ihre Insignien und ihren Schmuck ablegen, an einem Haken ihre Kleider aufhängen und gehen, nackt.

every thing
jedes ding
das innig
geliebte
geschaute erbaute
every thing
digitalisiert

krüge und stühle
tische und teller
gescannt
dosen und hosen
bücher und betten
bilder

ich sortiere
meine papiere
fotografiere
registriere
verschnüre

every thing
jedes ding
geht hin

aus den augen
aus dem sinn

Sehenswert

Der Tod
gehört wieder
ins Kasperletheater:
such a funny guy
was will denn der
an Weihnachten?
Wenn alle feiern?
Unverhofft kommt oft
*wir spielen bis
uns der Tod abholt*
unser Stück
ein Revisor kommt
immer
zur falschen Zeit.

Primavera

Primavera ist Esthers Todestag, Frühlingsanfang, dieser strahlende Tag, der reine blaue Himmel über dem blühenden Garten, ihre Hand in meiner.

Ich halte mich an die Krähe, die gleich nach ihrem Sterben quer durch mein Blickfeld flog, die Fenster waren weit offen. Wenn es eine Seele gibt, so flog sie mit ihr davon. Esther konnte gut fliegen im Traum, behindert nur von Stromleitungen, die Seele kümmert das nicht. Wenn sie sich das Schicksal ihres toten Körpers im Anatomie-Institut noch angeschaut hat, aus der Ferne, von weit oben, dann wird sie es filmreif und ihr gar nicht so unangemessen gefunden haben. Ihr Lachen.

Viel habe ich verloren. Geblieben sind Gedanken, Gesagtes. Irgend etwas vorzunehmen, Bilder, Briefe, ihre Zeichnungen, tut immer noch nicht wohl, sondern weh, ihre Schrift, ihr Signet erzeugen einen scharfen Schmerz, lege ich sofort beiseite. Vielleicht weil ich jetzt allein mit den Schatten unserer Beziehung zu kämpfen habe, ohne Beschwichtigung durch ihre Liebe.

Der Verlust ist unerträglich, das Unwiederbringliche, die Schuld.

Es bleibt dieses Tierchen, eine Eule, die aus dem Fenster ihres letzten Adventskalenders blickt, durch den gemalten Wald.

Weltende

Dem Bürger fliegt vom spitzen Kopf der Hut,
In allen Lüften hallt es wie Geschrei,
Dachdecker stürzen ab und gehn entzwei
Und an den Küsten – liest man – steigt die Flut.

Der Sturm ist da, die wilden Meere hupfen
An Land, um dicke Dämme zu zerdrücken.
Die meisten Menschen haben einen Schnupfen.
Die Eisenbahnen fallen von den Brücken.
JAKOB VAN HODDIS, 1911

Bei aller scheinbaren Nonchalance meinem Schreiben gegenüber bekomme ich manchmal einen Schreck: Was soll ich tun, wenn zum Beispiel dieser oder jener wiederum unzureichend gesicherte Text verloren ginge, weil er plötzlich gelöscht wäre? Eine Höllenangst: die einzige sichtbare Spur von vierzig oder mehr Tagen, einer kurzen Zeitspanne, die doch durchtränkt ist vom Ganzen. Schreibend erschaffe ich meinen *Geistkörper* (den Begriff prägte Rudolf Steiner, in *Theosophie. Einführung in übersinnliche Welterkenntnis und Menschenbestimmung,* 1904), ansonsten bleibt nichts. Die Publikationen, ok, die haben mit mir jetzt nicht mehr viel zu tun, schade um das viele Papier. Ein paar CDs mit Vorgelesenem für Esther, Fotos, die Filme, die wir für Kea und für Lothar gemacht haben. Das Haus. Das Cheix.

Leider glaube ich nicht an ein weiter existierendes Ich, welches sich das Hinterlassene dann von oben oder von wo auch immer betrachtet.

Vorbei ...

Es gibt bekanntlich nur immer den gegenwärtigen Moment, den vollen Klang, in dem alles schwingt, was war, und der antönt, was sein wird, Verse aus- und einatmend, das ungewisse Leuchten der Ewigkeit, was soll denn noch sein jenseits des Imaginären – Verdauung und Herzschlag, schmerzende Füsse, verhornte Zehen und mein Auge, mein Auge.

Alter ego

gell, Rilkes *Panther*
kannst du noch inwendig
und singst
hinter Stäben
zittrig
schwer hörig
für immer
gefangen?

Als ich mir den Verlust meiner Word-Dokumente vorgestellt habe, kam die Frage: Wozu könnte dies gut sein? Was kann ich lernen? Ich soll mich erinnern an die Flüchtigkeit des Virtuellen, anwesend sein bis dato im dreidimensionalen Raum.

Denken und Handeln werden zunehmend eingesaugt in blosse Simulationen, in denen man/frau sich verliert, während die *wirkliche* Welt (»wir haben hier Wasser, das nass macht«, scherzte jüngst ein Isländer), die spriessende, die zertrampelte Erde, Tiere und Pflanzen und das *Humankapital,* nach und nach ausgelöscht werden und auf Nimmerwiedersehn verschwinden.

Ich weiss noch, wie mich als Kind der von Betrunkenen gegrölte Refrain:

»Am dreissigsten Mai ist der Weltuntergang, wir leben nicht mehr lang …« erschreckt, ja entsetzt hat. Ich war immer froh, wenn der dreissigste Mai vorüber war.

10 Ein Blicke, Aus Sichten

Fotos von Ernst Fischer

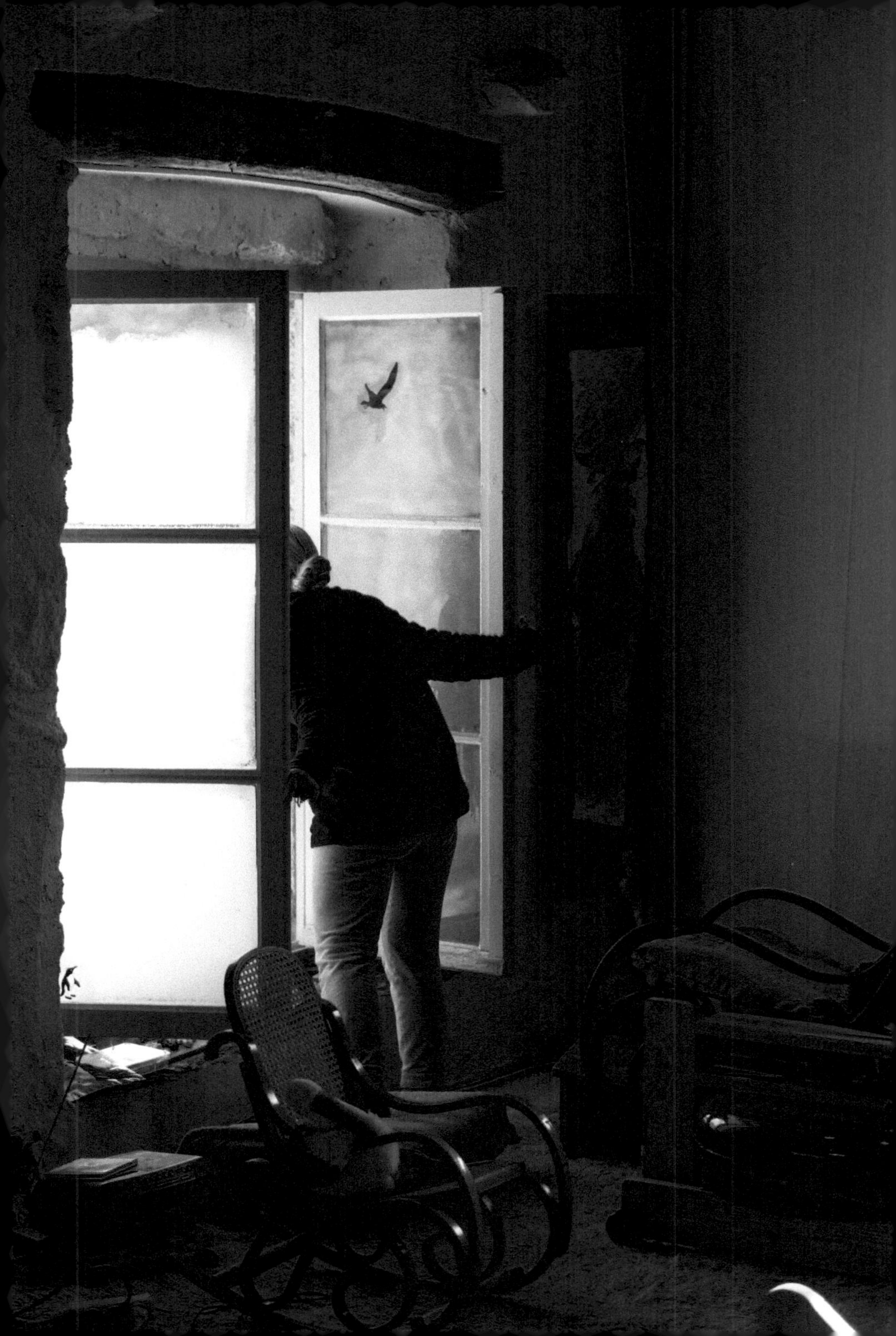

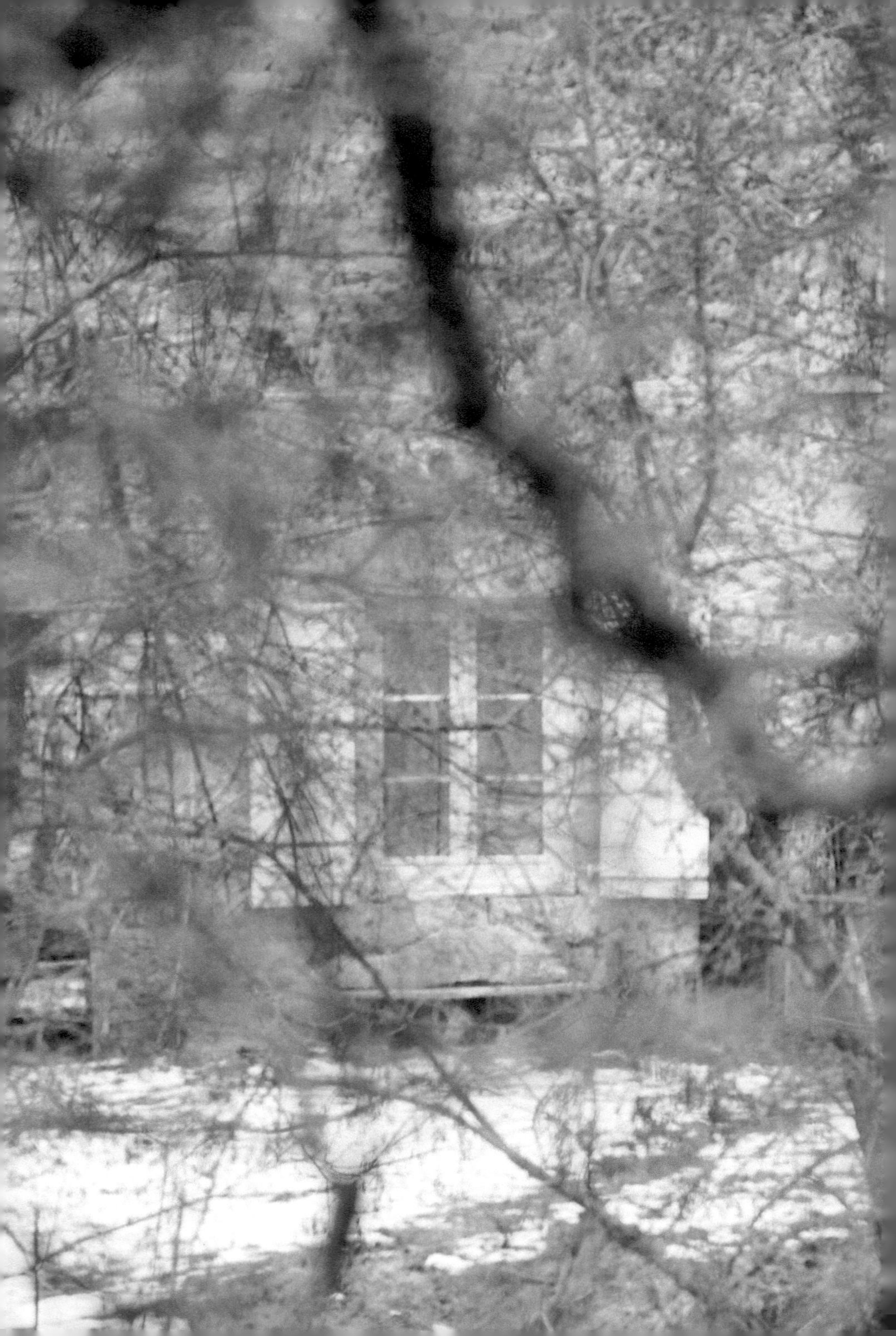

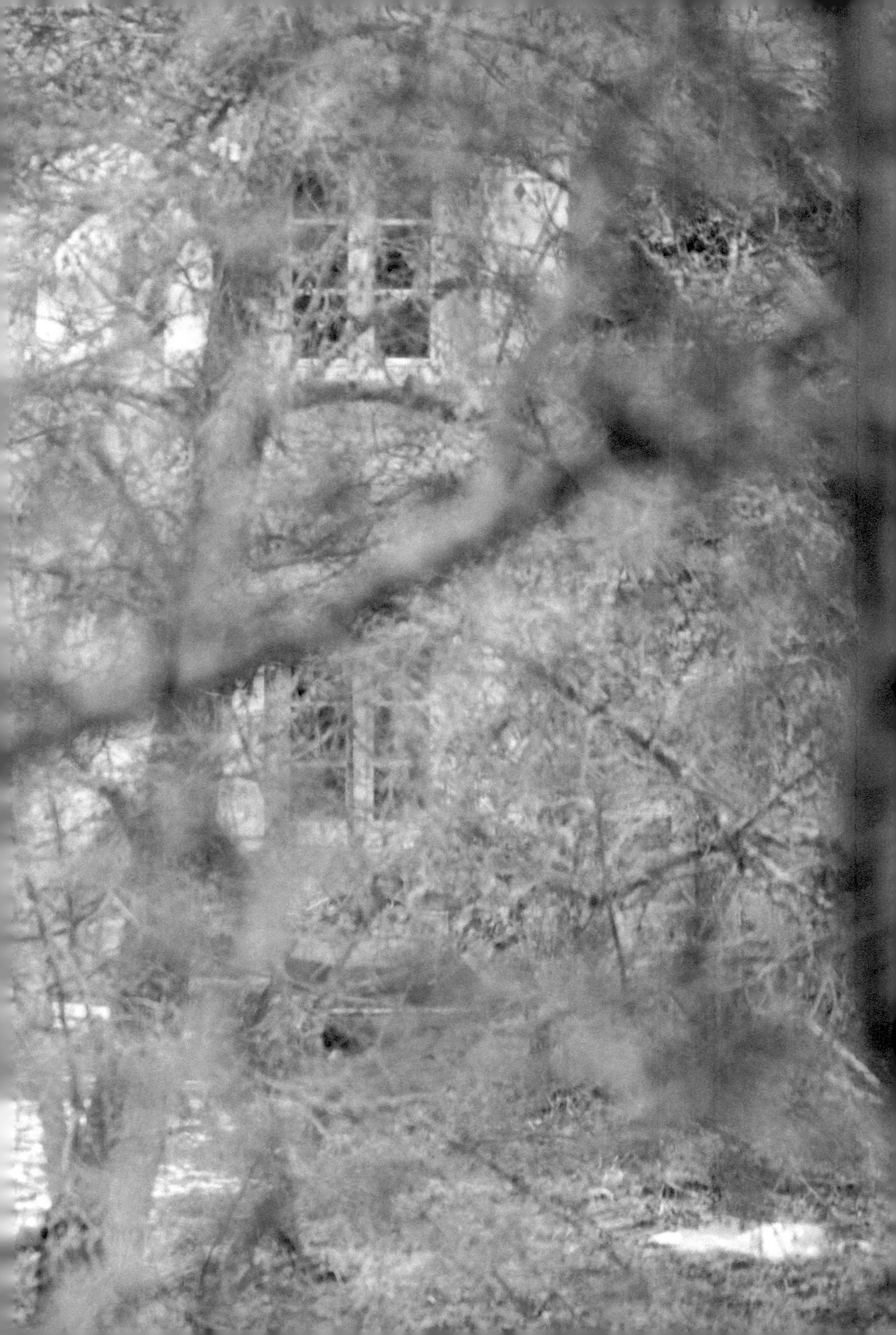

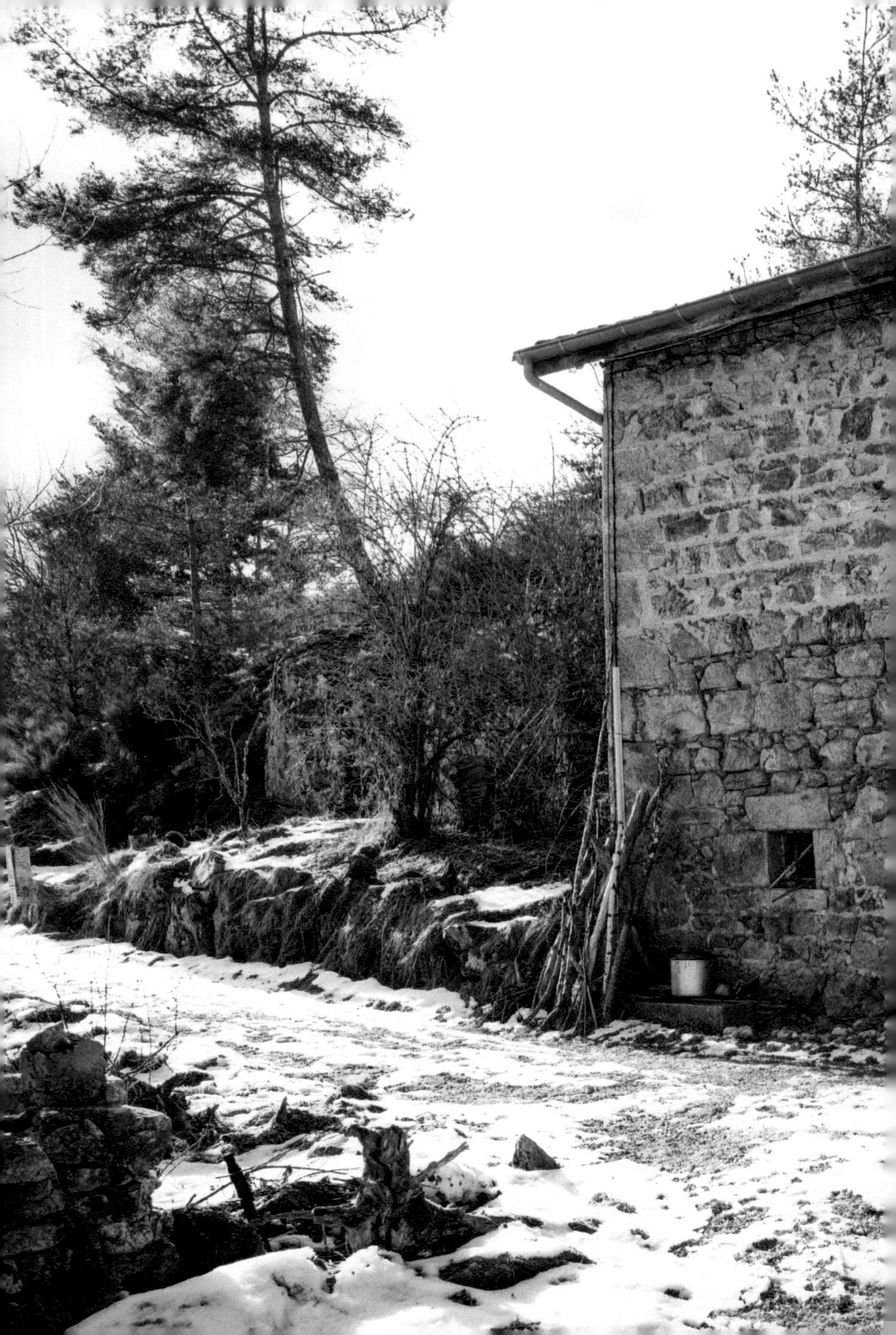

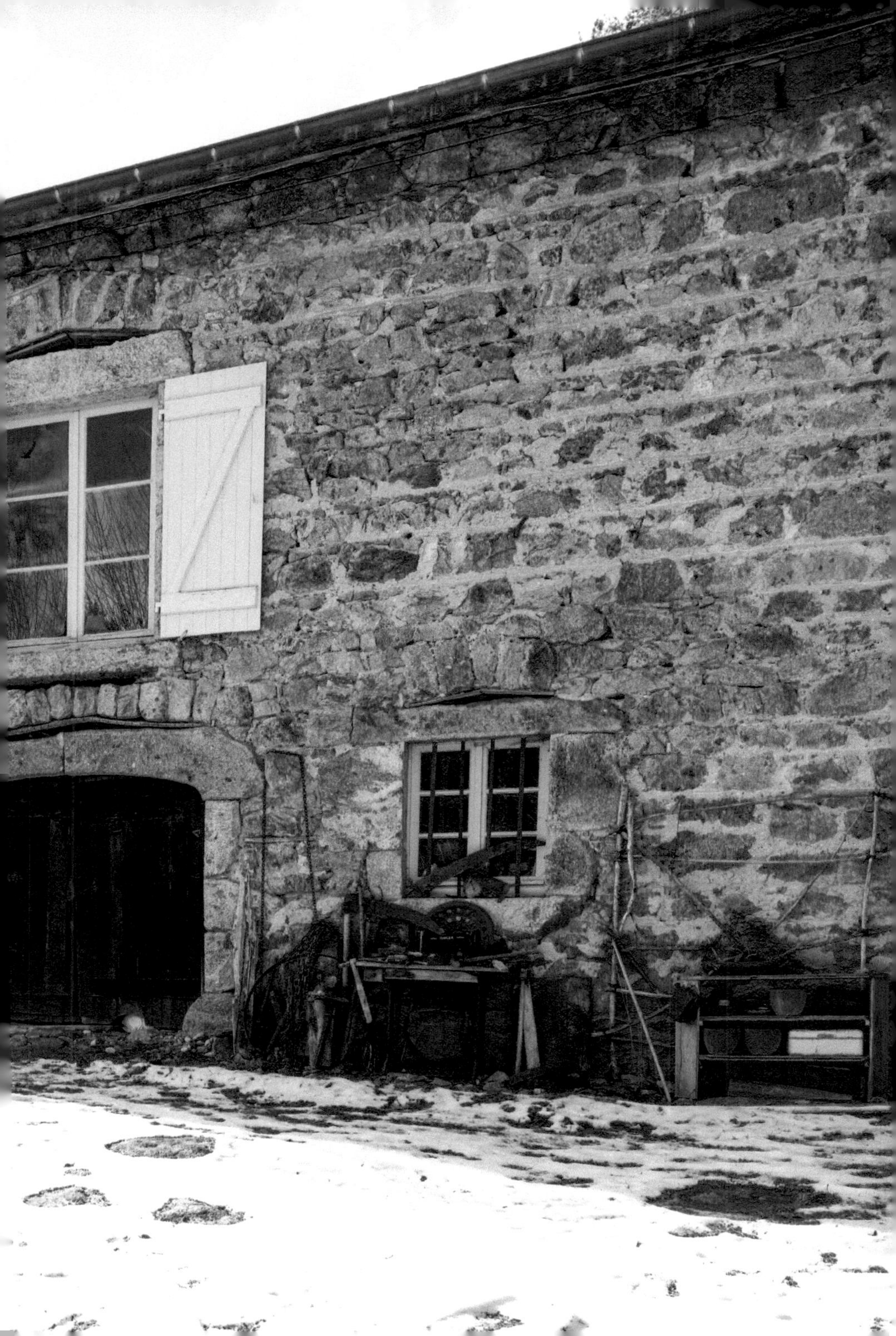

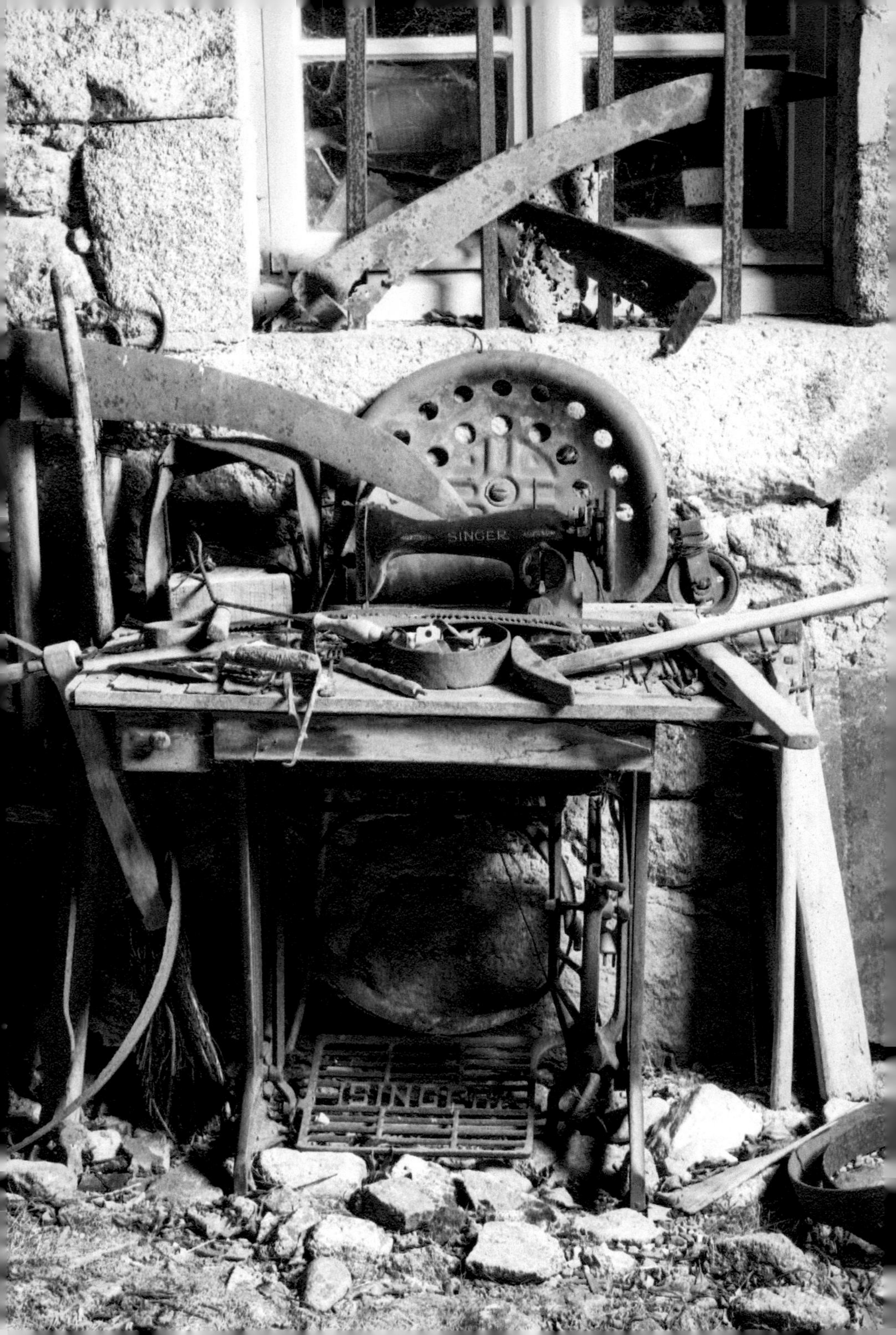
SINGER

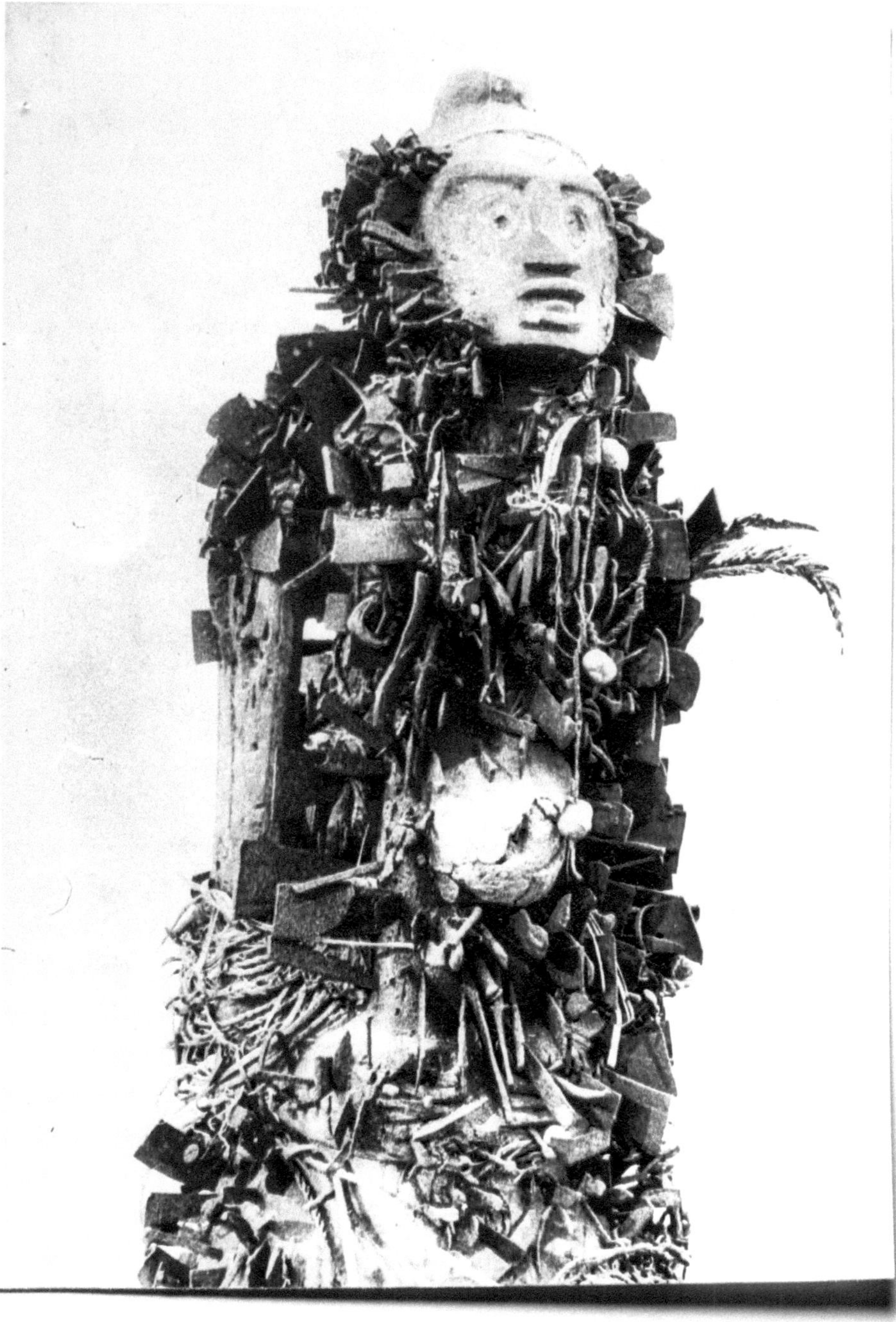

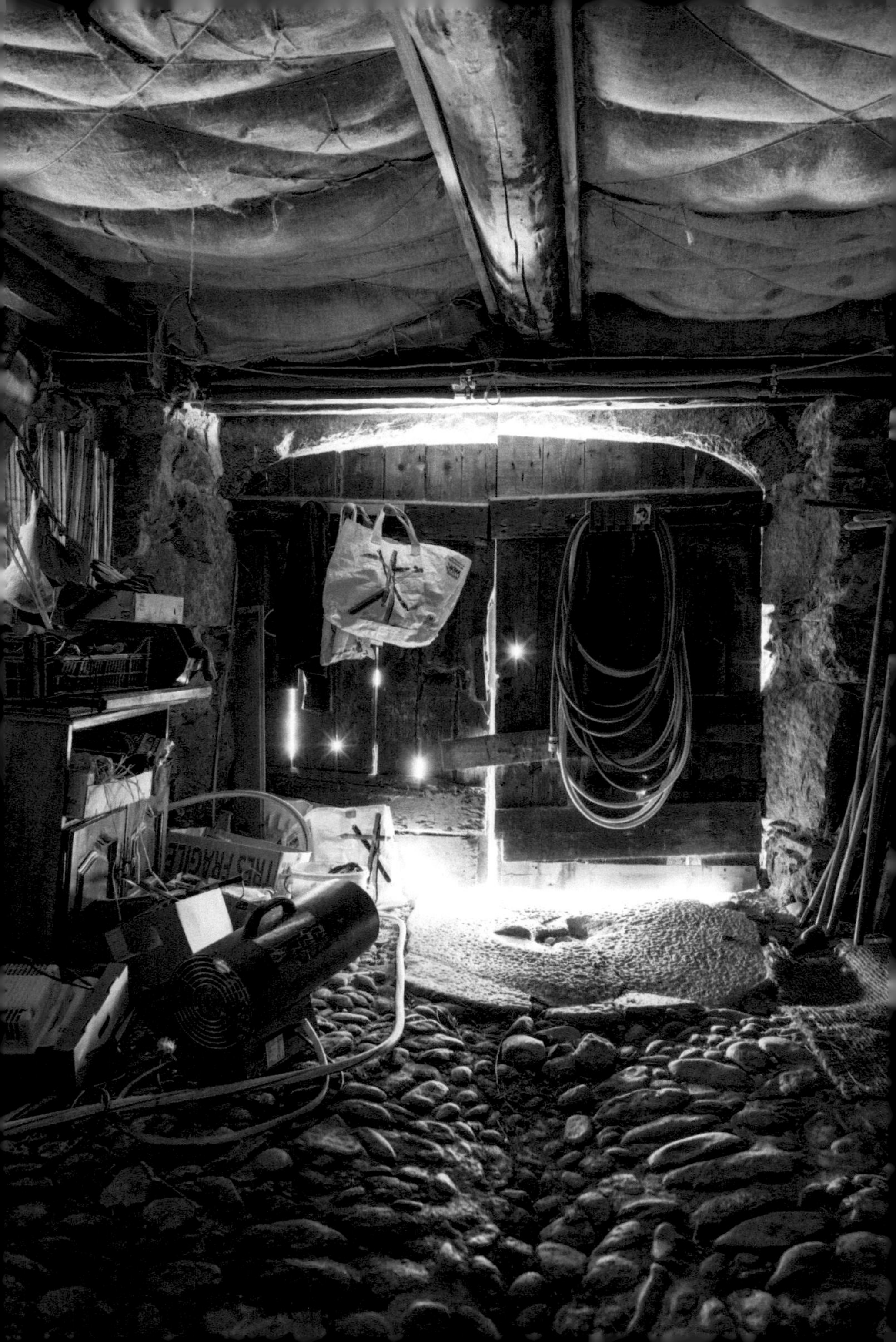
TRES FRAGILE

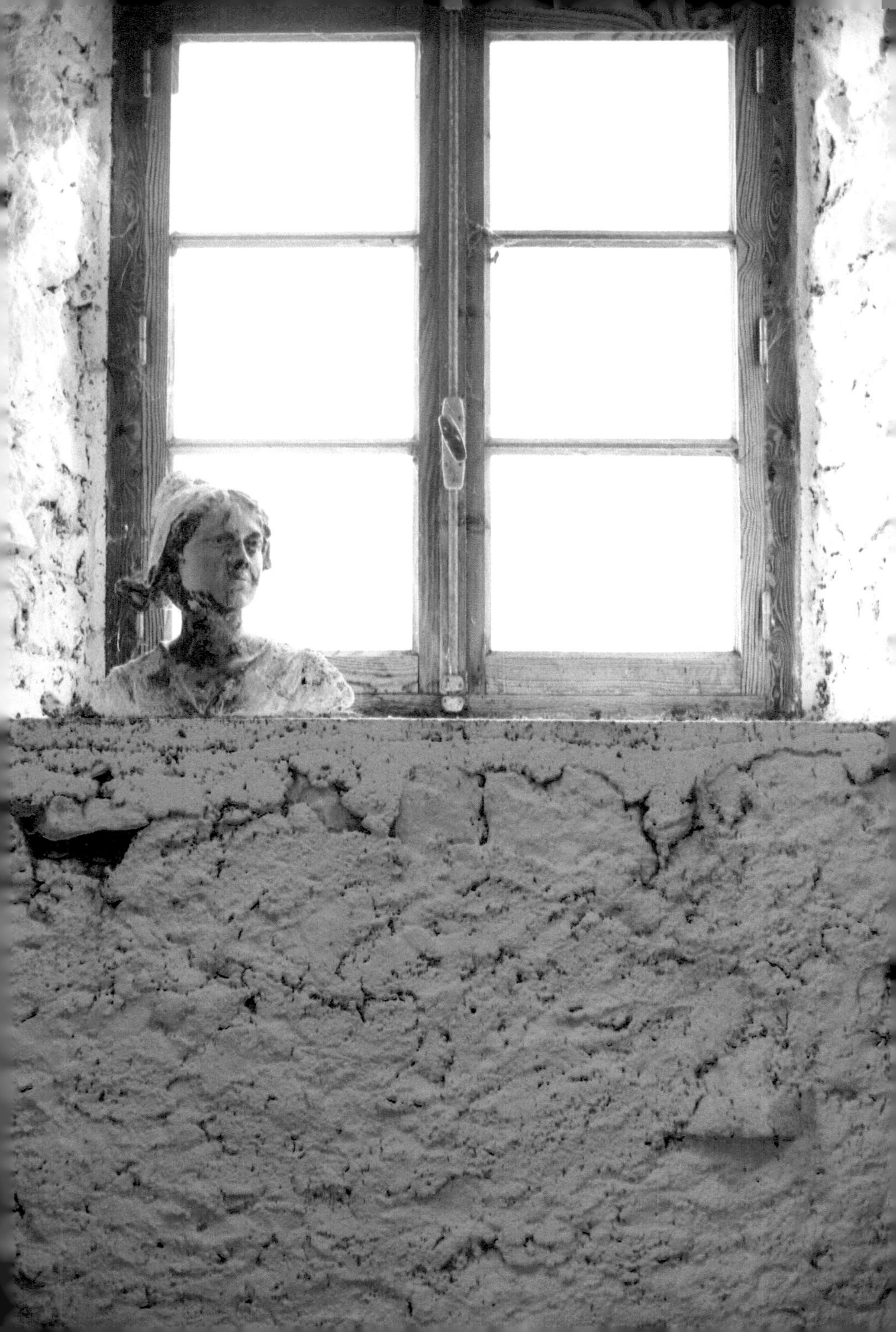

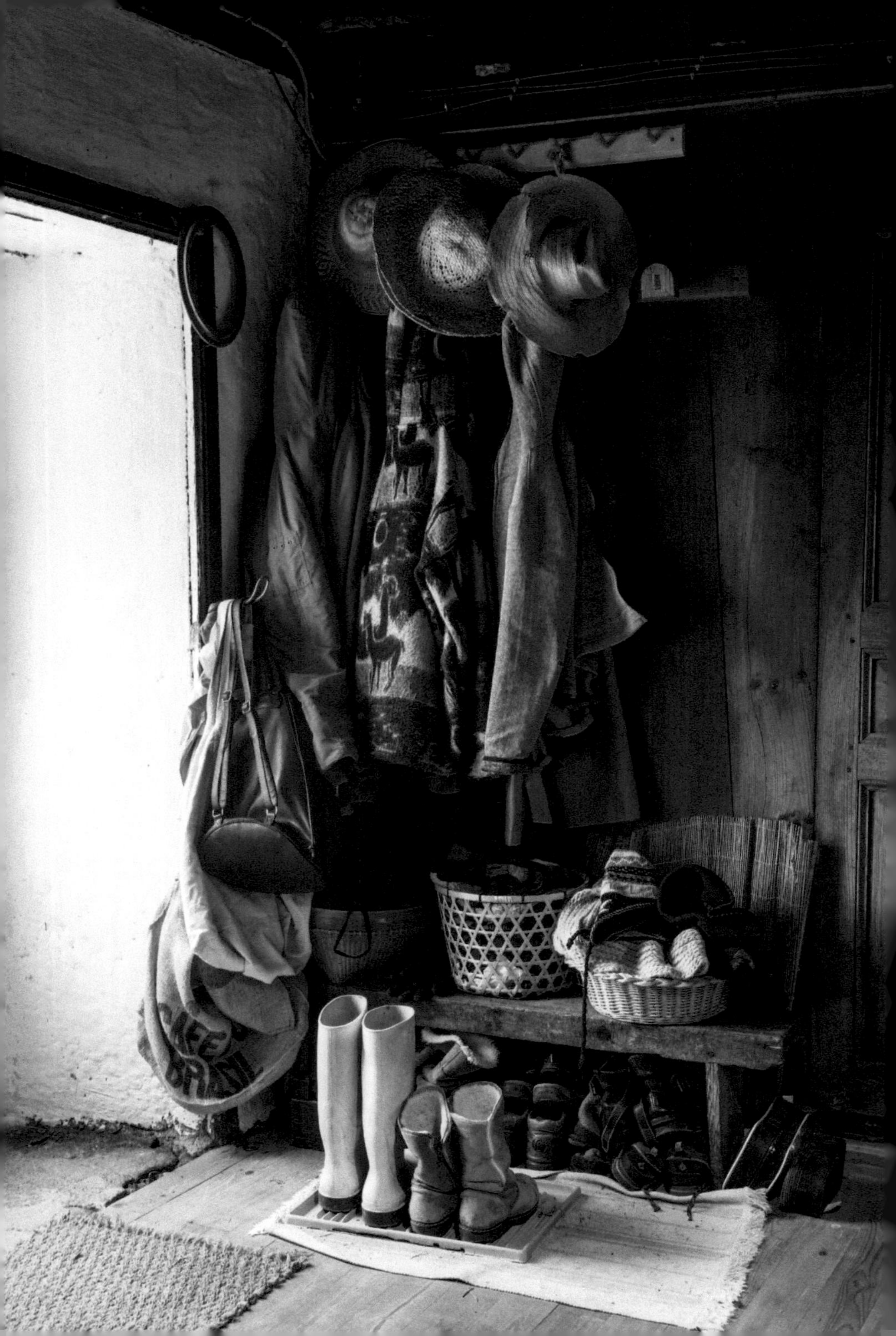

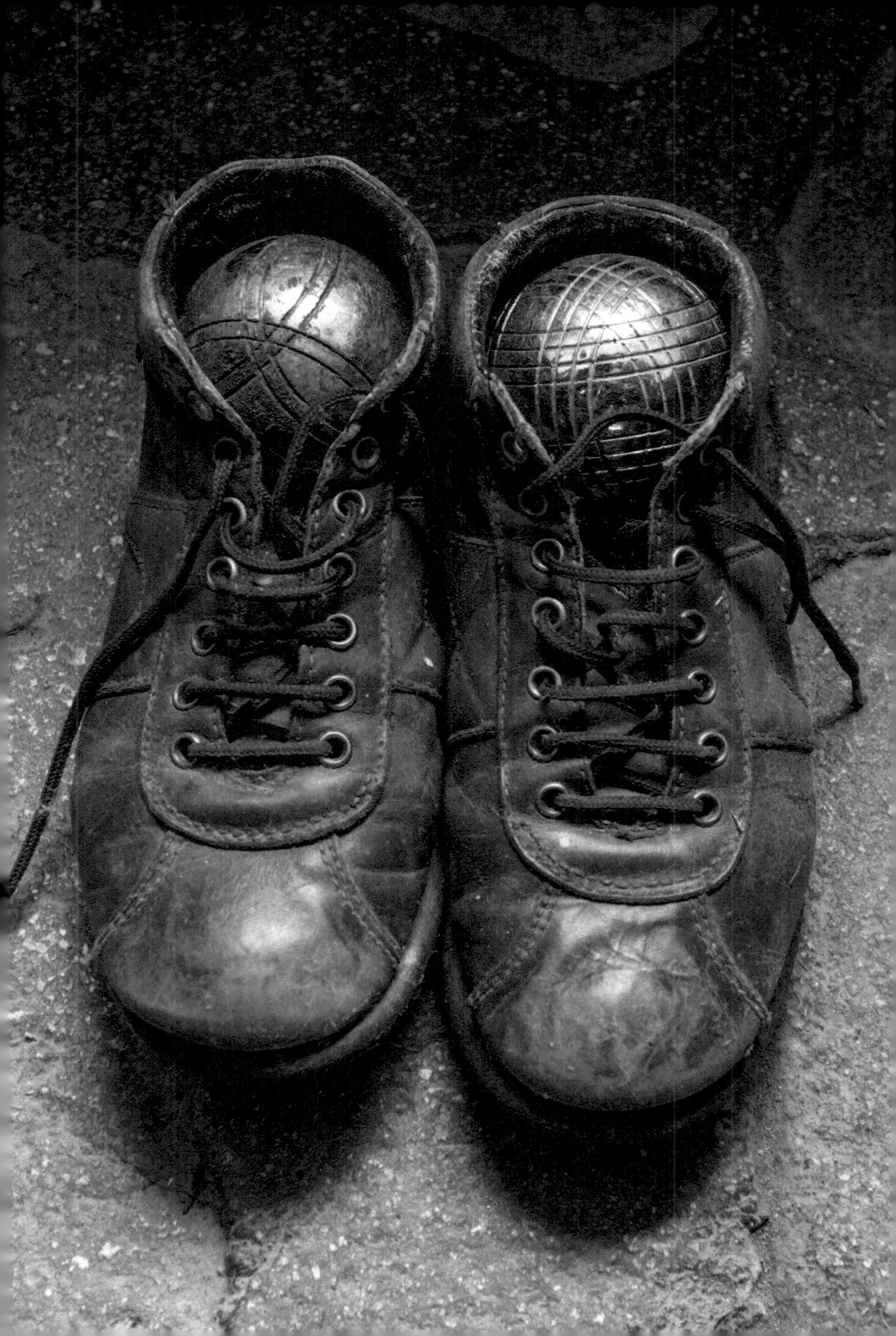

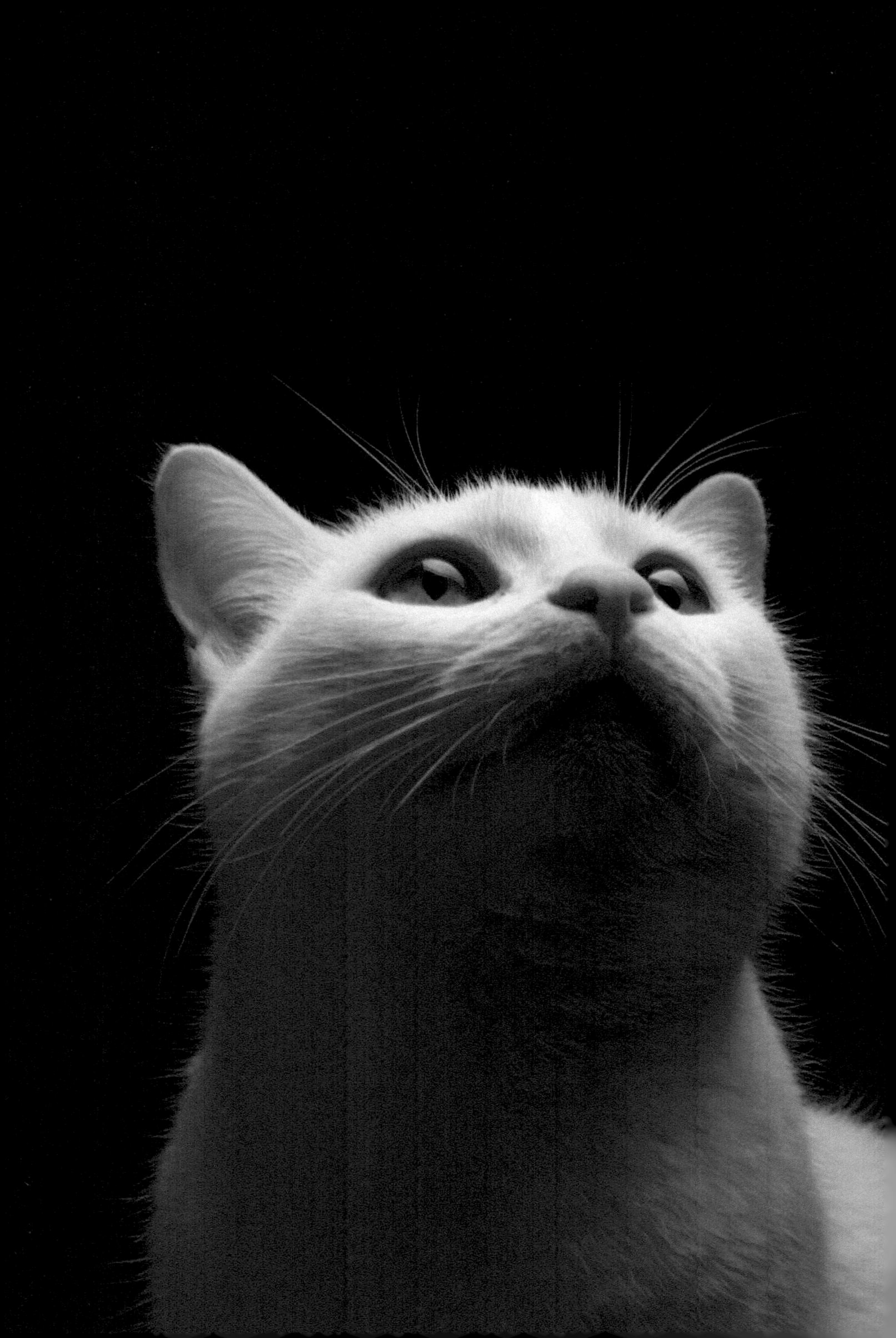

1907

ACCRÉDITATION

P

NOM | NAME: Esther Fischer-Homberger

Voir informations au verso.
Informationen siehe Rückseite.

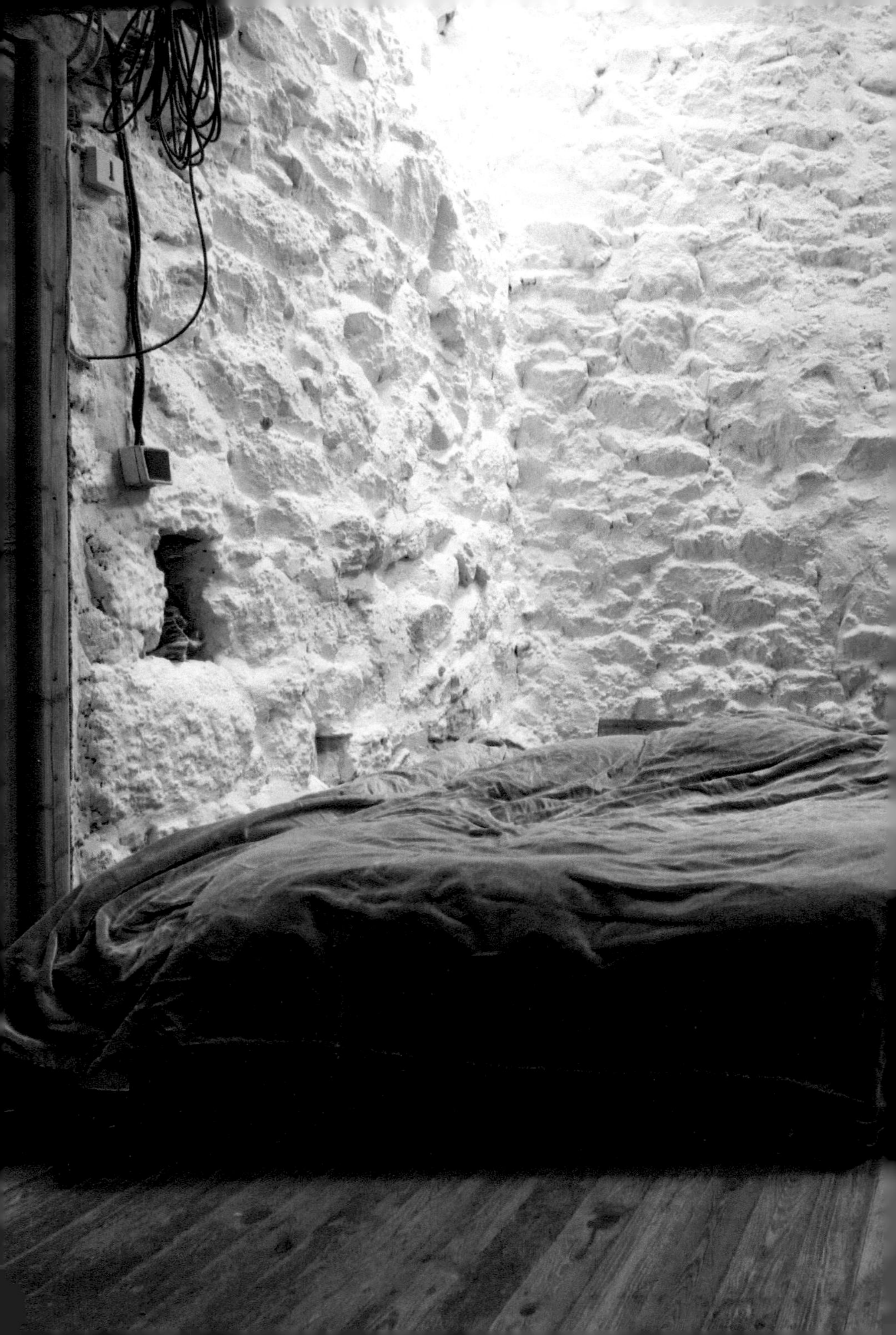

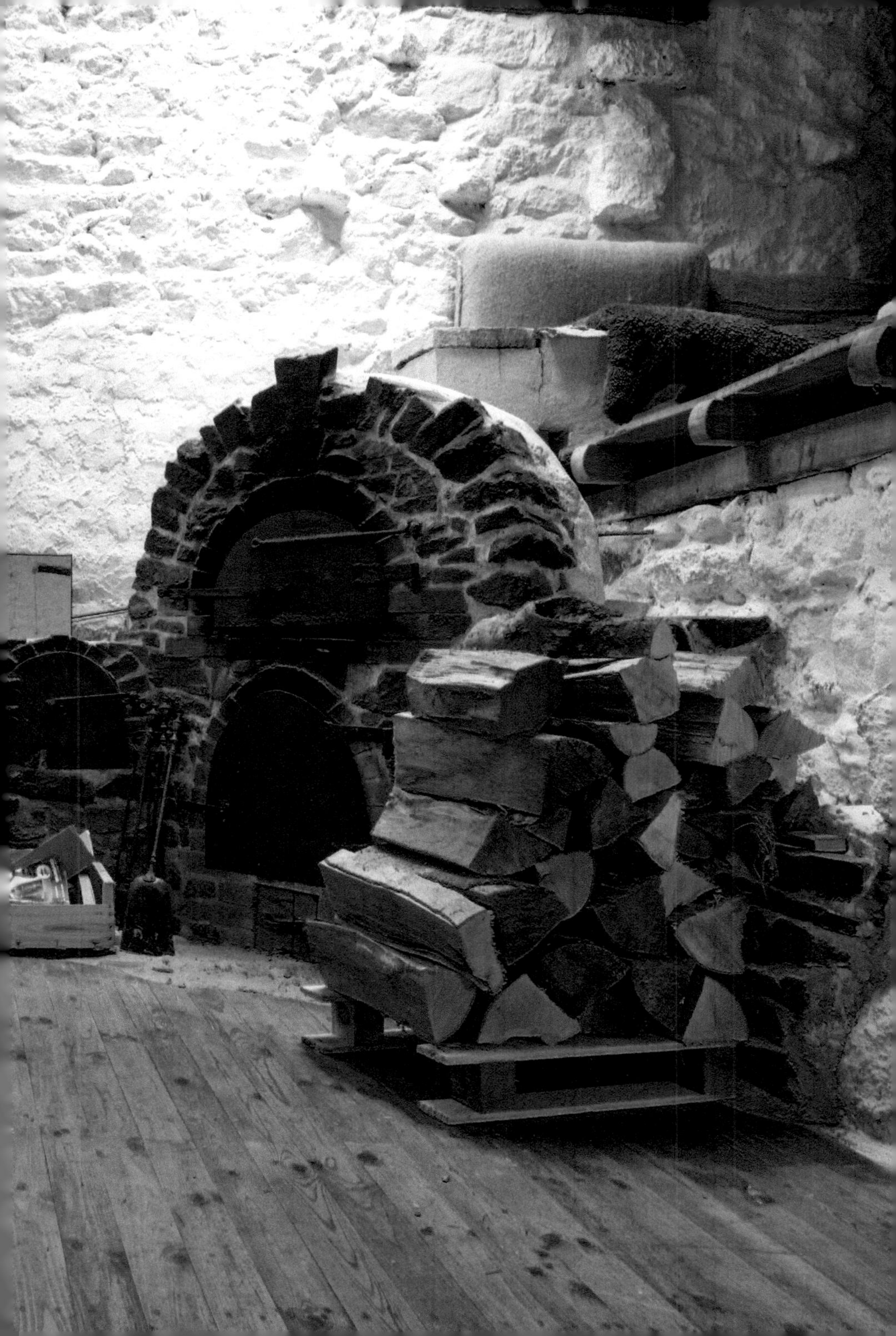

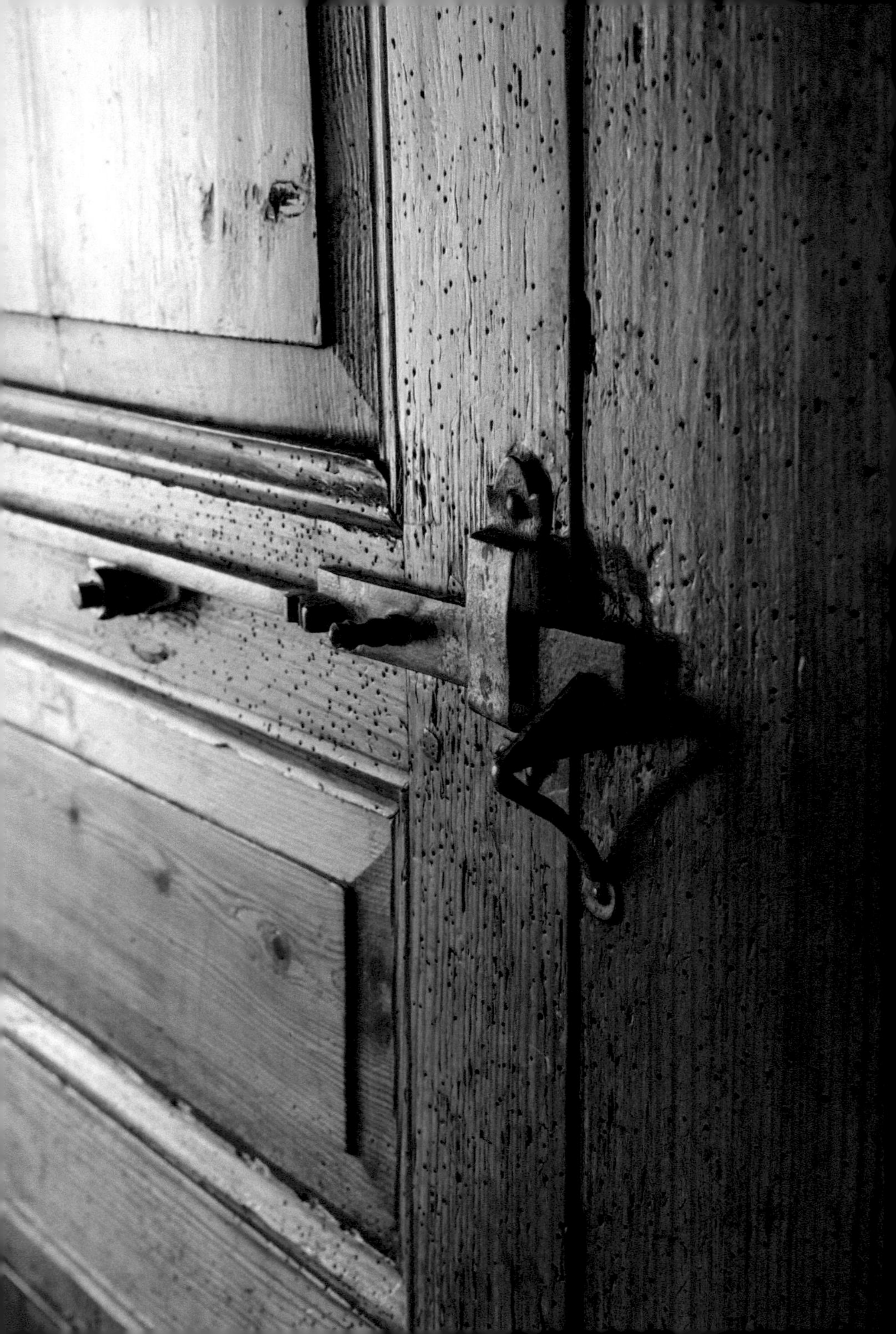

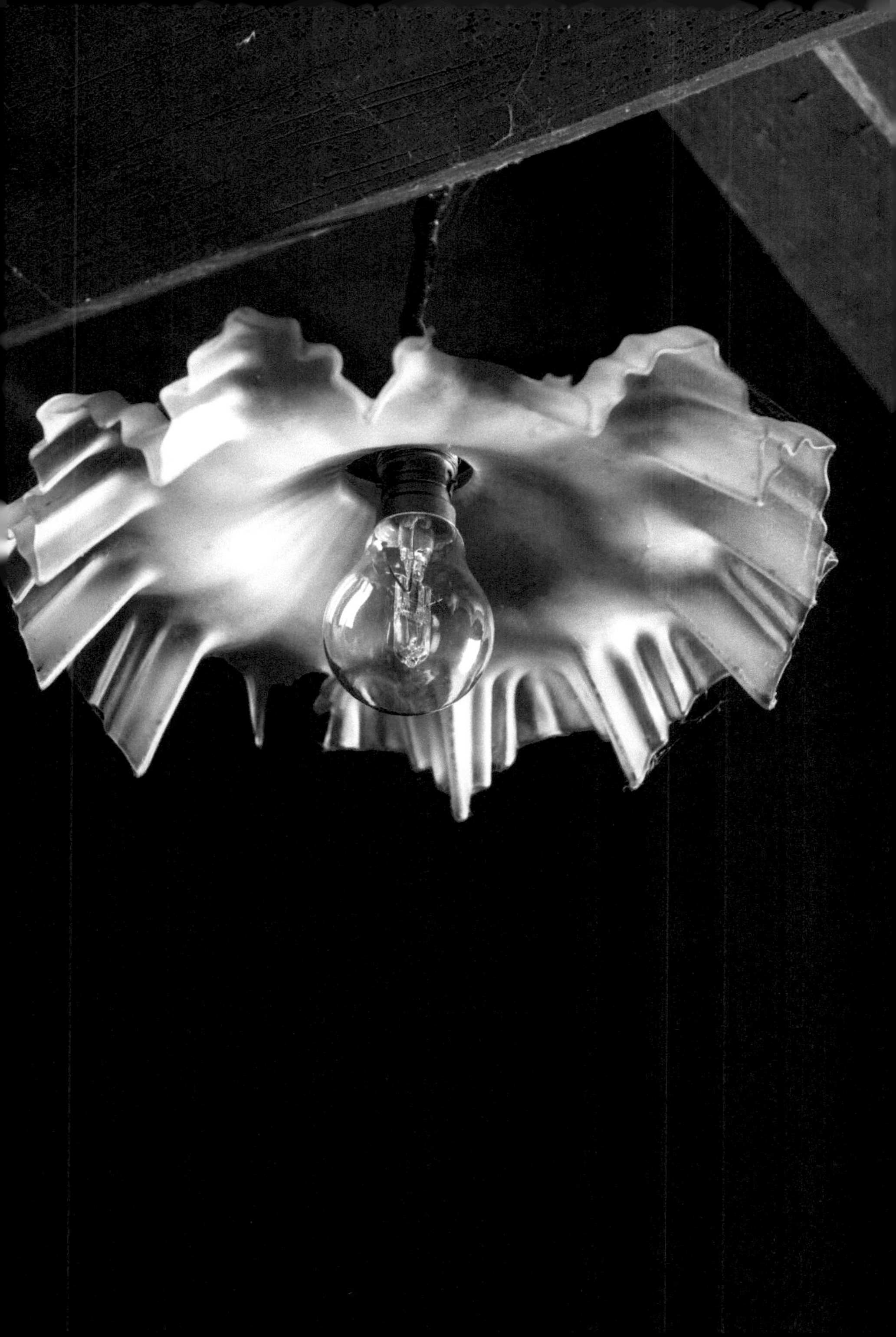

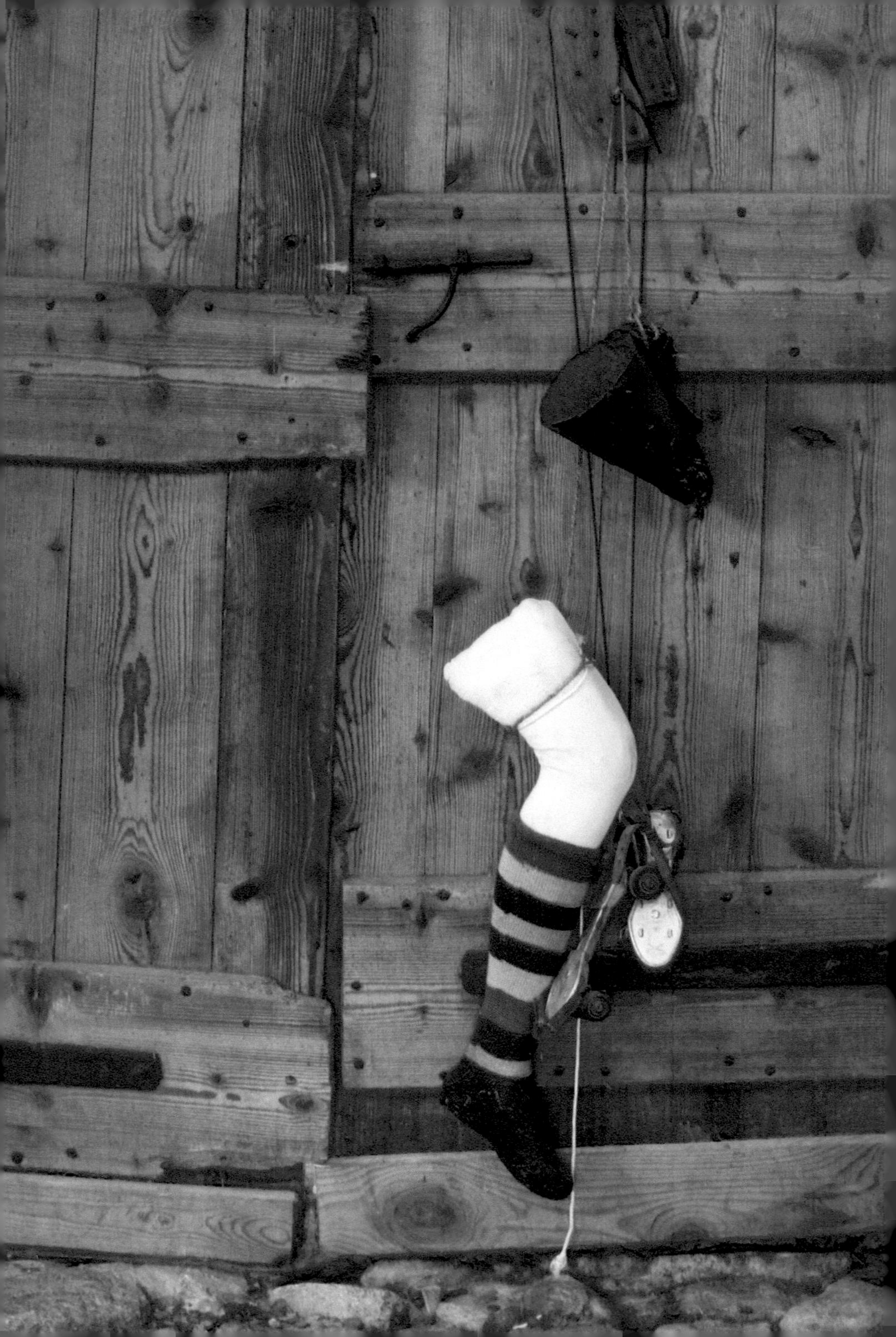

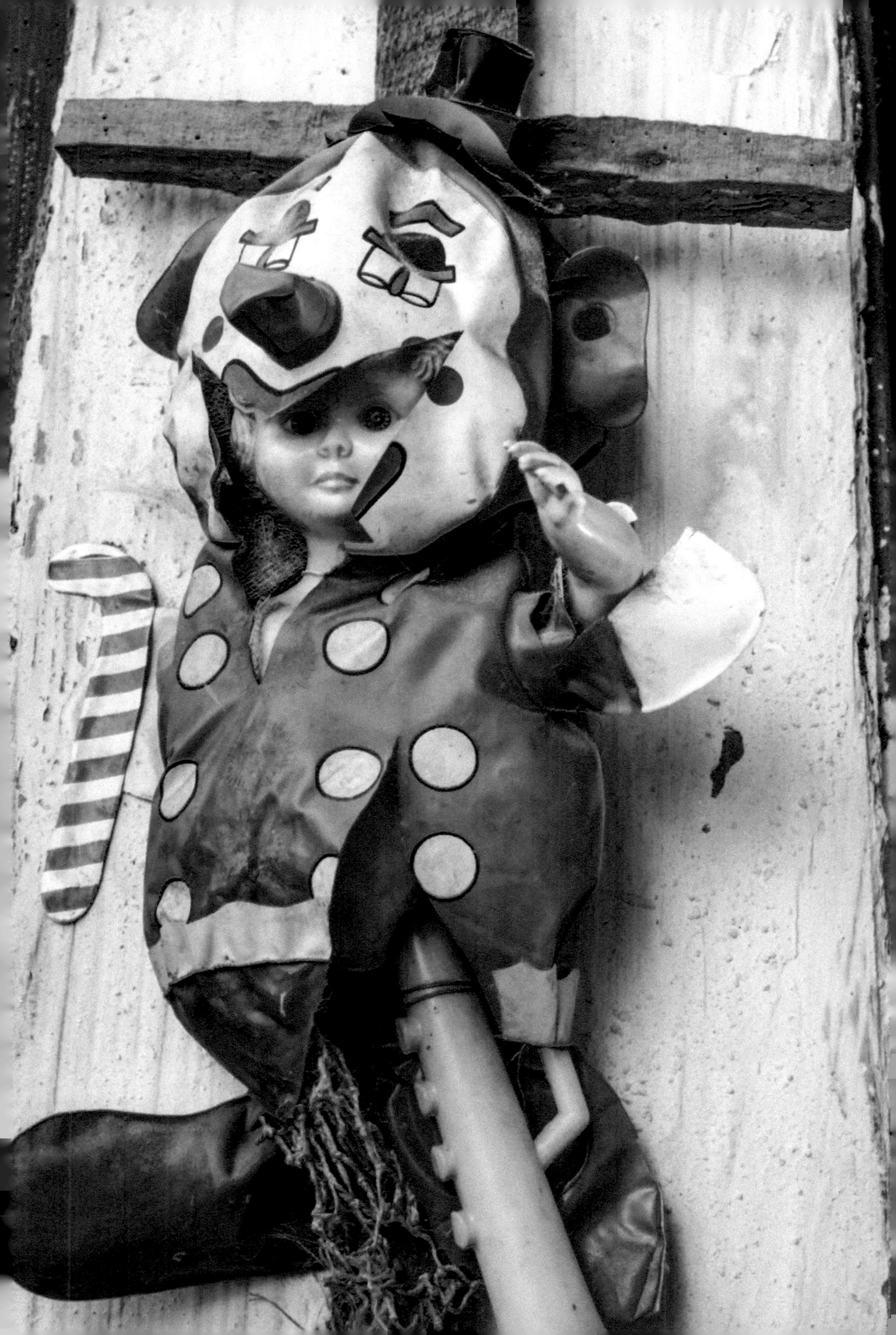

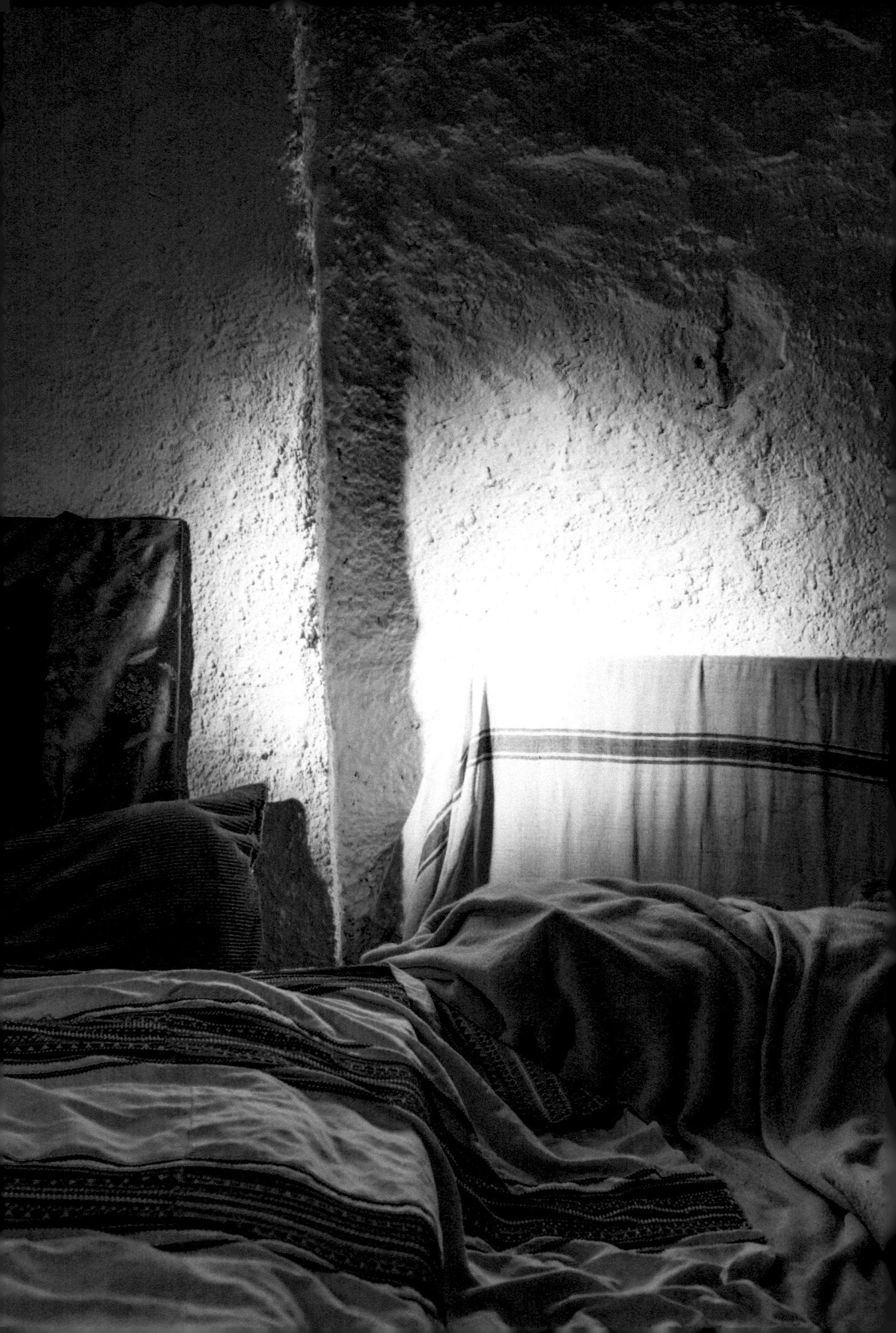

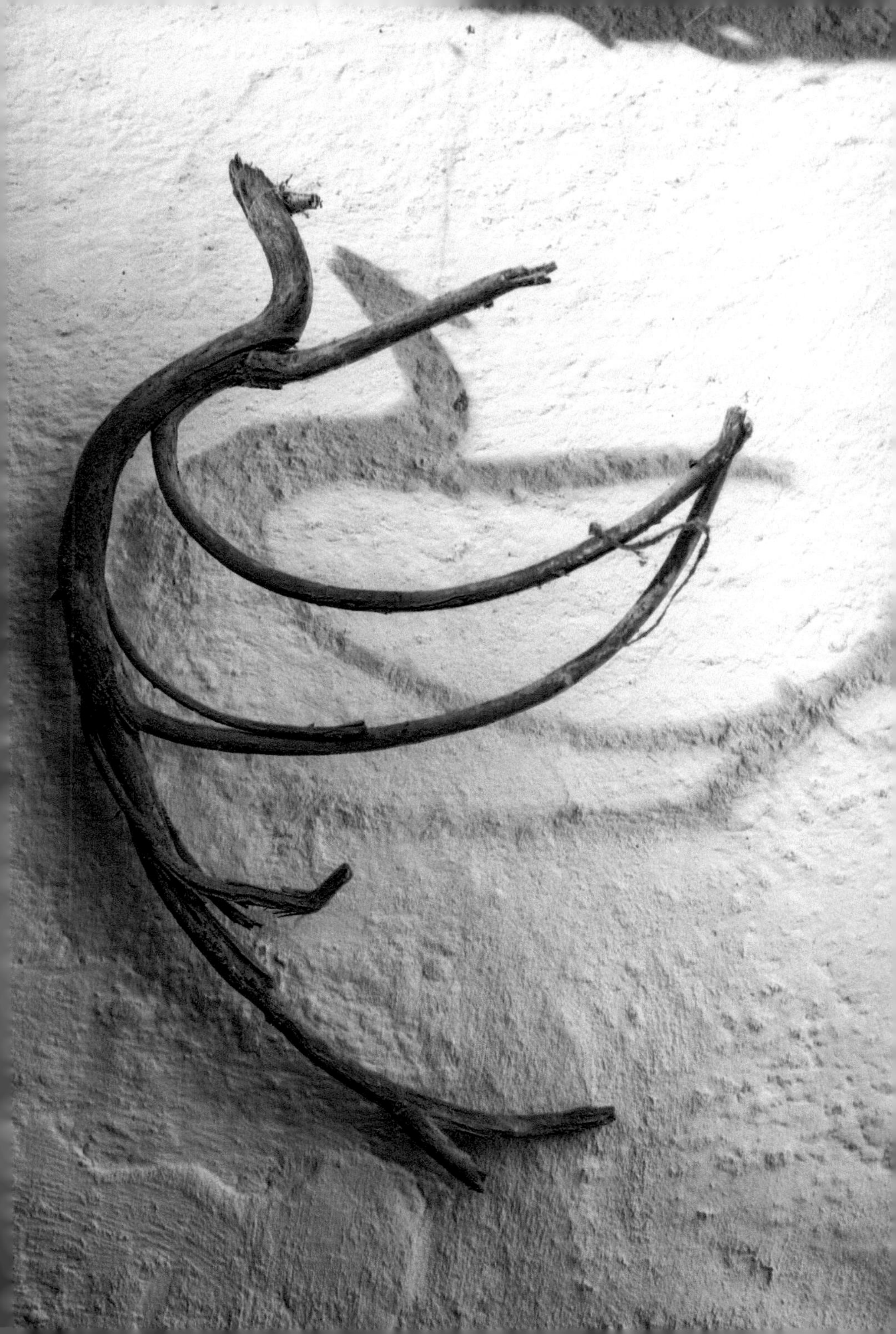

ERNST KREUDER

Die Gesellschaft vom Dachboden

ro
ro
ro

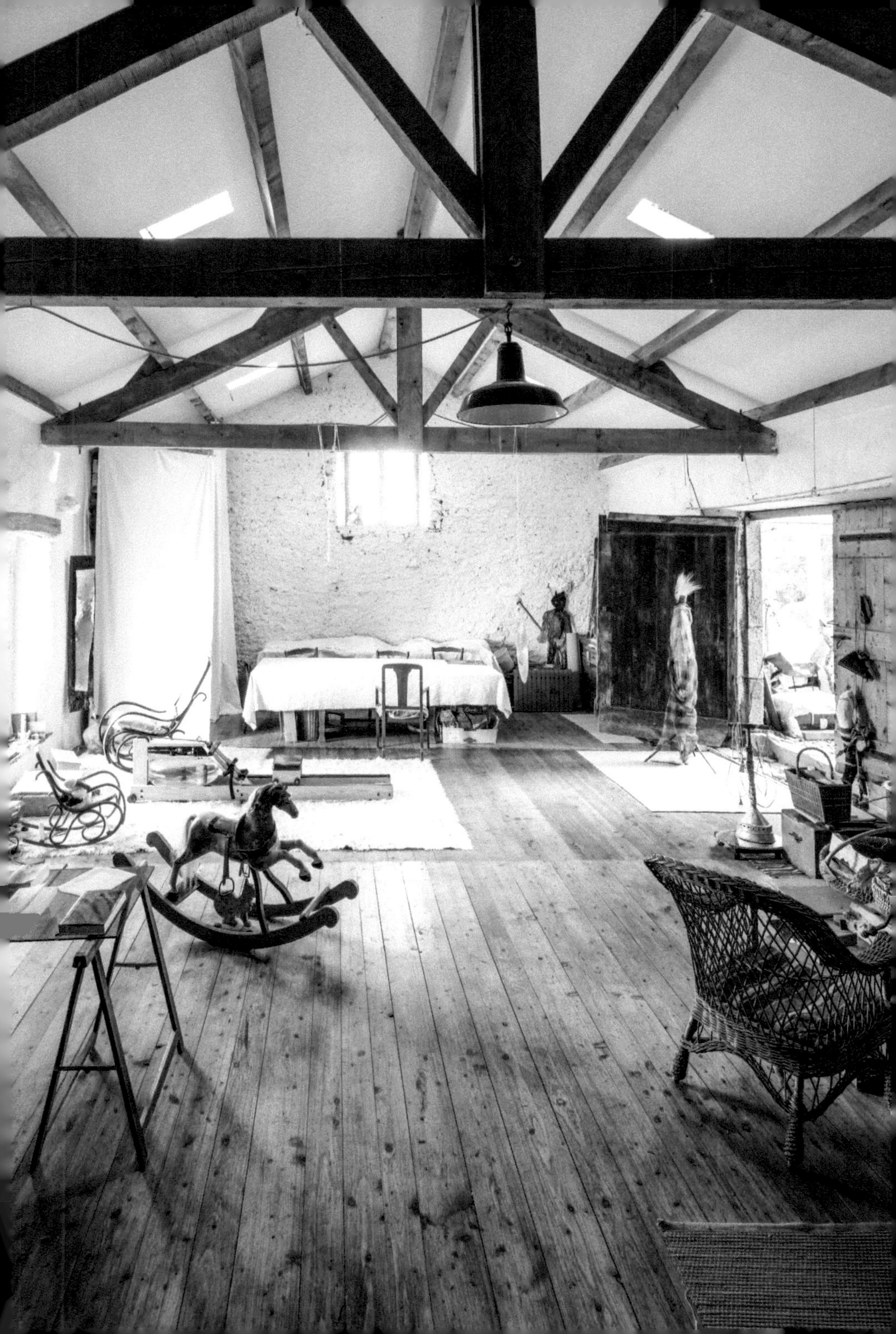

SONY
CD-RW
du
atlantis
für Ergänzungsunterricht
WANDA HANKE
MALTA

Bookshelf

Top shelf (left section):
- Hölderer — Die Elephantenuhr
- Dostojewski
- Gottfried Benn — Dr. Rönne
- Hofmannsthal — Dramen V, 2163
- Barbara Honigmann — Eine Liebe aus nichts

Top shelf (right section):
- Klaus Mann — Der Wendepunkt
- ARCHE
- Christo...
- Katherine Mansfield
- MARLITT ROMANE
- Kurt Ward

Middle shelf (right):
- Alice Maurer — Zu viel Glück
- Piper · Morante · La Storia
- Christian Morgenstern — Gesammelte Werke
- MORITZ 1
- MORITZ 2

Bottom shelf (left):
- Philip Roth
- Der grosse Krieg
- Henny Jahnn — ohne ufer
- Allerleirauh — Viele schöne Kinderreime

Bottom shelf (right):
- Ores Montefiore Gedichte
- Märkische Feenorgana

Ludwig Hohl

Péter Nádas — LENI WEINT

Vladimir Nabokov — Lolita

EROTICA BY ANAÏS NIN

BAHMAN NIRUMAND (HG.) — Sturm im Golf

WOLFGANG NEUSS — ASYL IM DOMIZIL

ANGELUS SILESIUS WERKE

Moraste — Lüge und Zauber

LI MOLLER — und jemand weinte

RUSHDIE — DIE SATANISCHEN...

JEAN-PAUL SARTRE — DIE EINGESCHLO...

Friederike Mayröcker ich sitze nur

Erica Pedretti — SONNENUNTERGÄNGE / SONNENAUFGÄNGE

Erica Pedretti — Sie schrie unbedingt noch sagen wollte

Elisabeth Plessen — Stella Polare

LAURENCE STERNE — TRISTRAM SHANDY

STIFTER BERGKRISTALL

JUNG STILLING'S LEBEN

inseln · entwürfe

FRAUEN-Fleiss

HEFT 36   JUNI   6. JAHRGANG

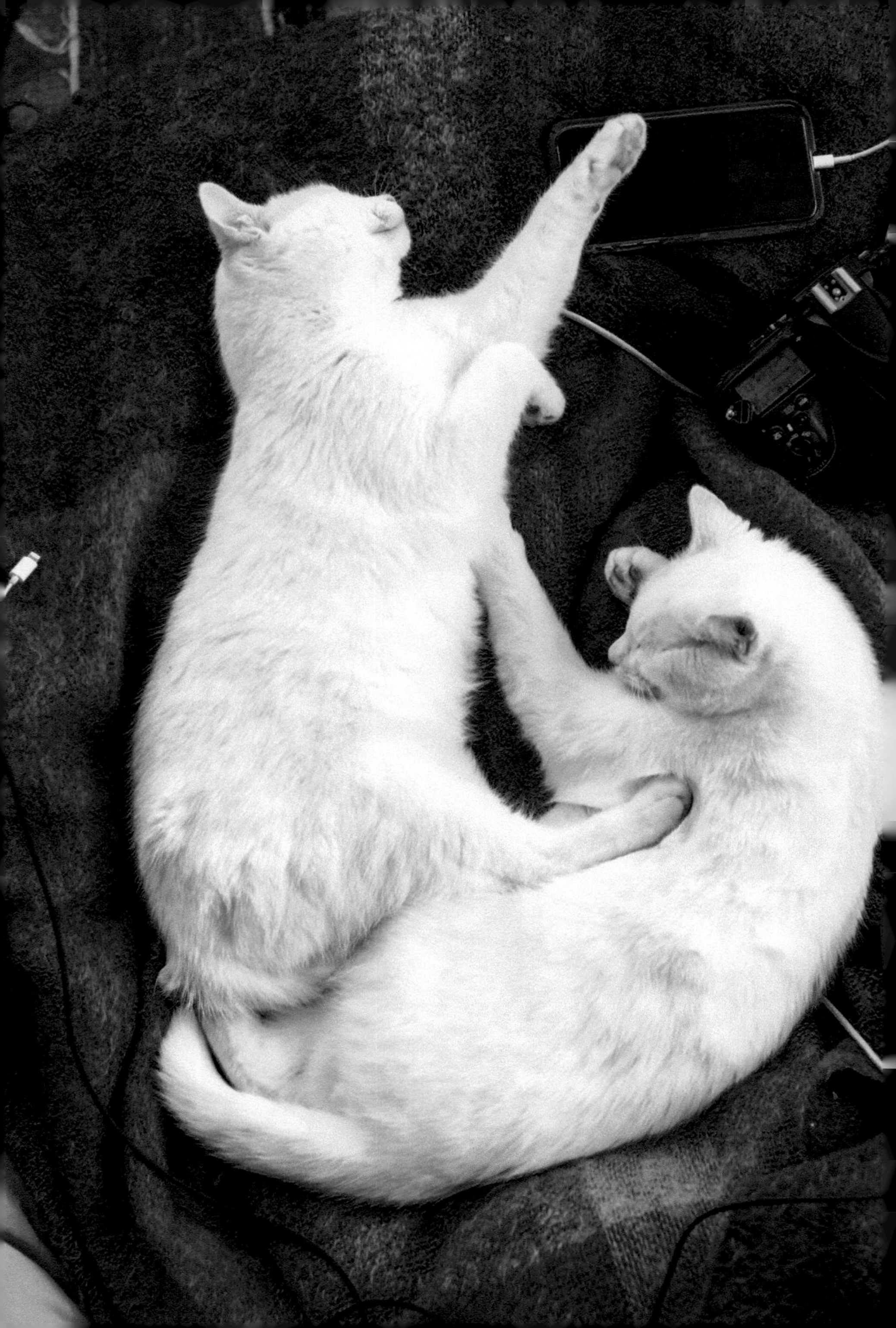

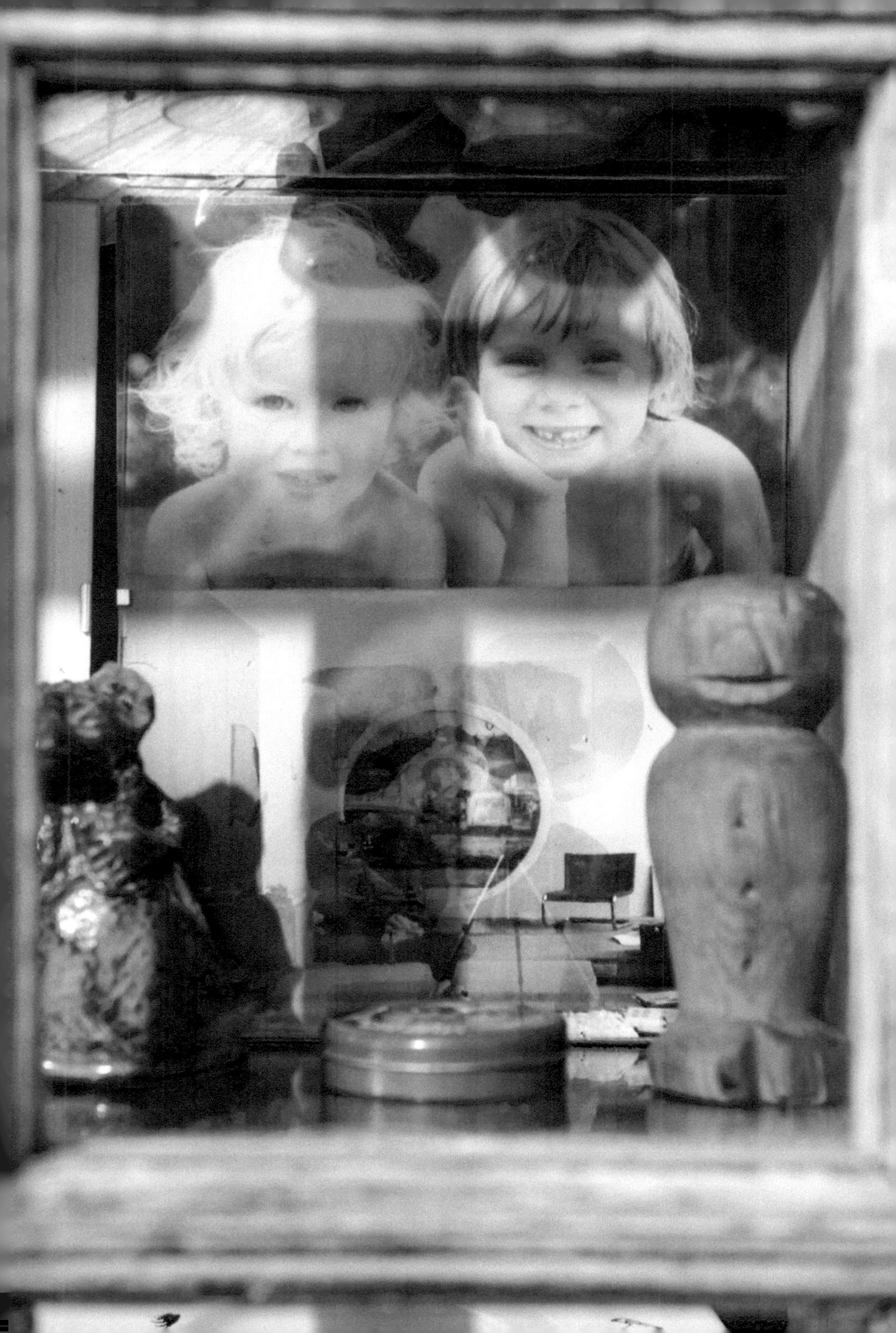

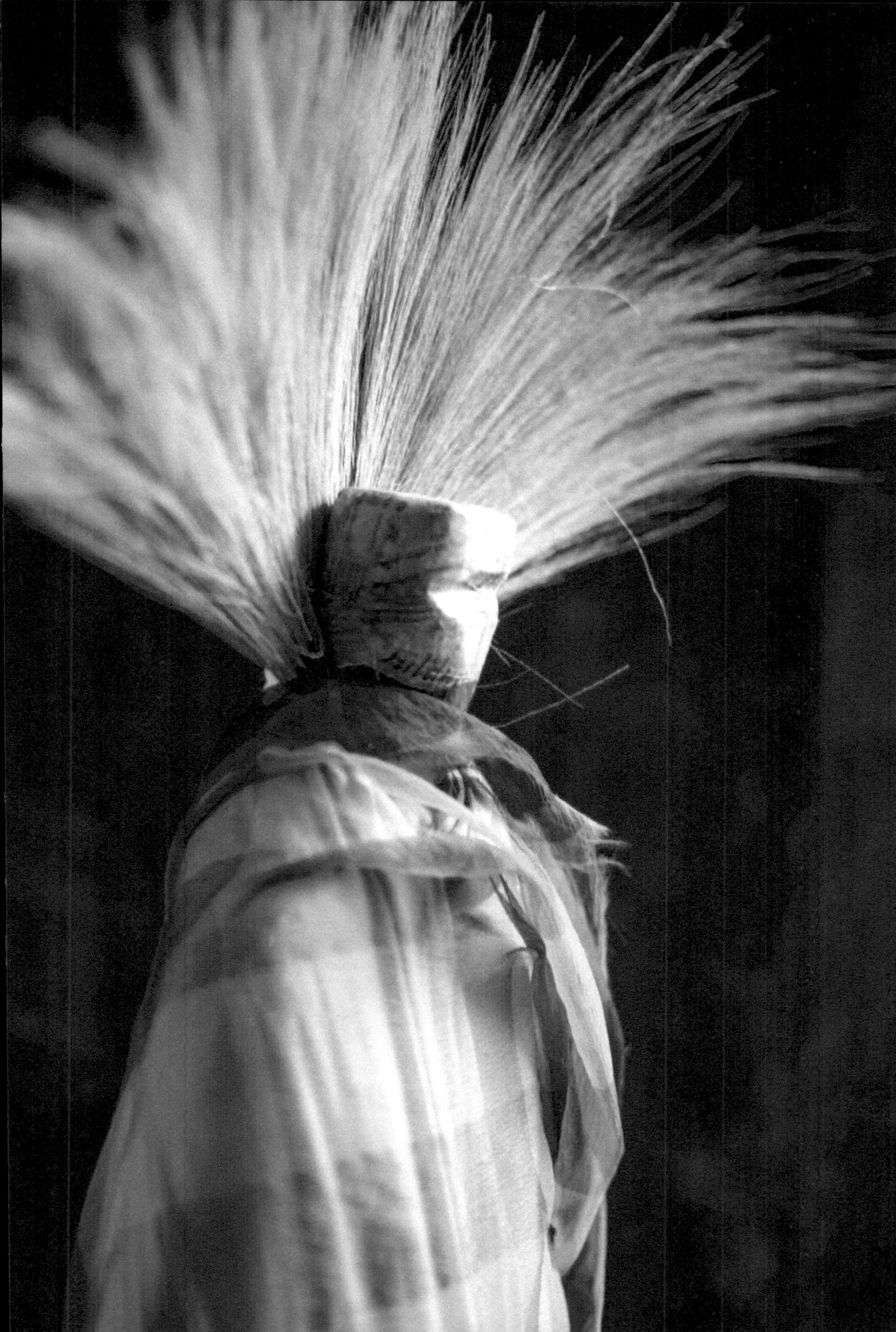

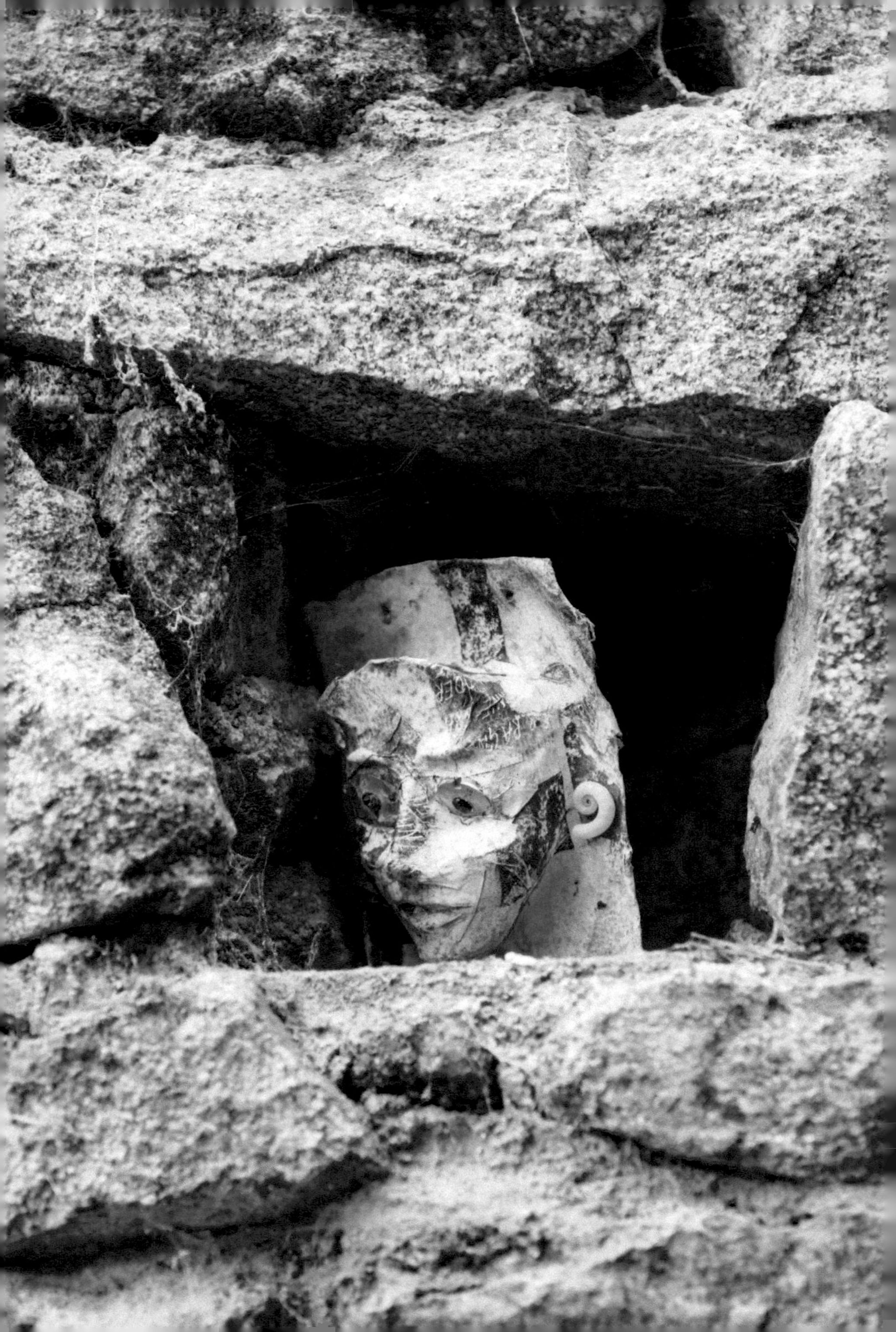

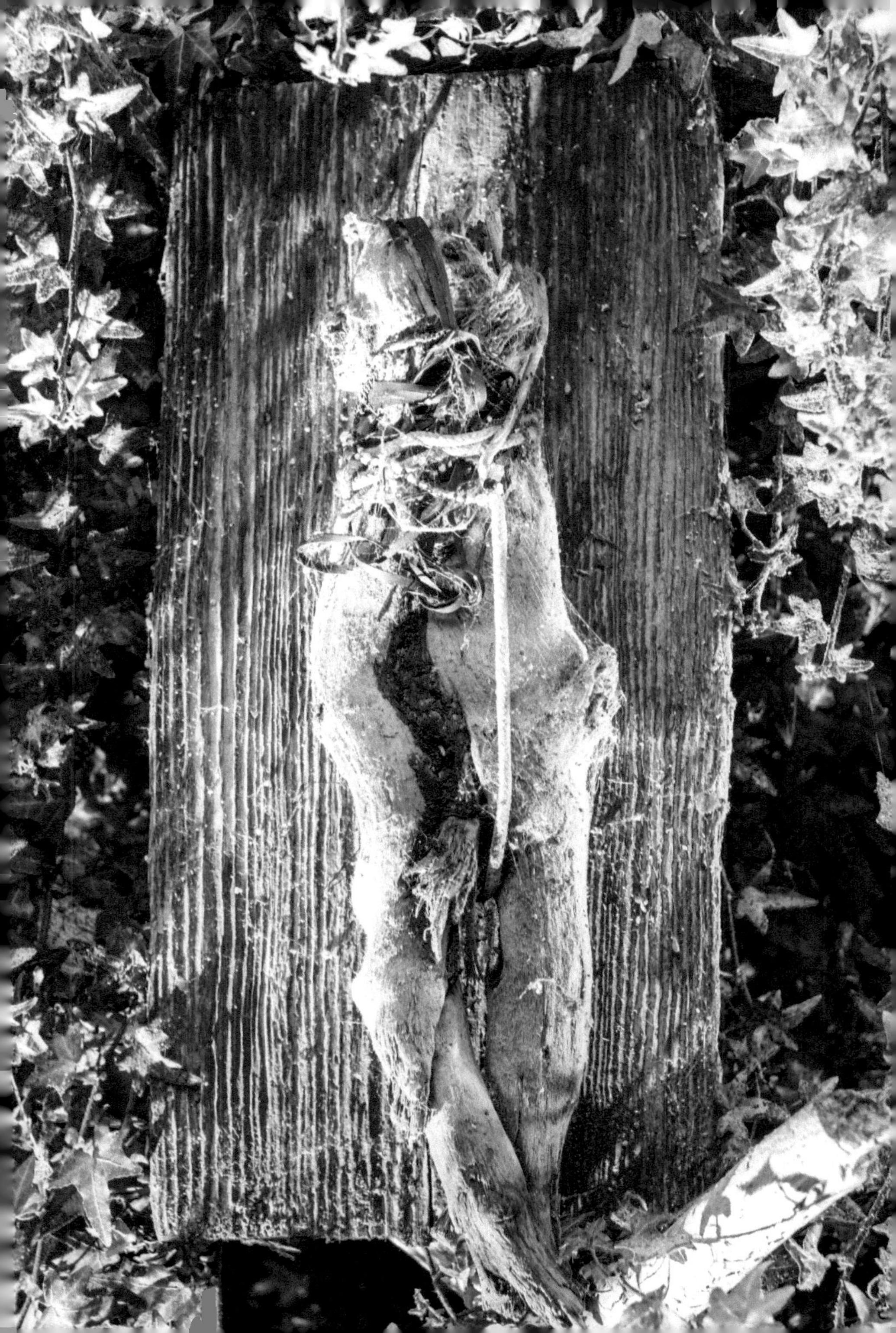

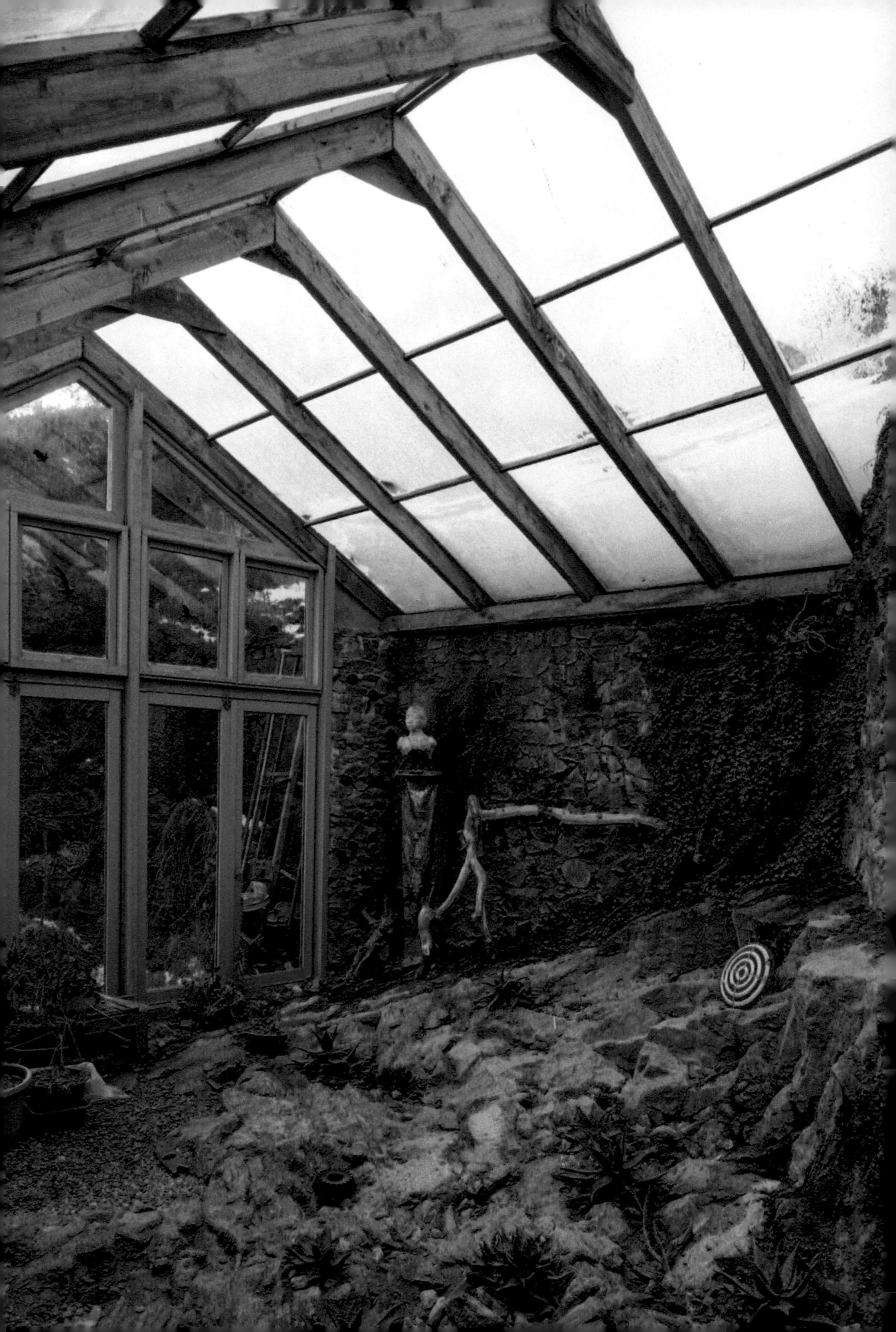

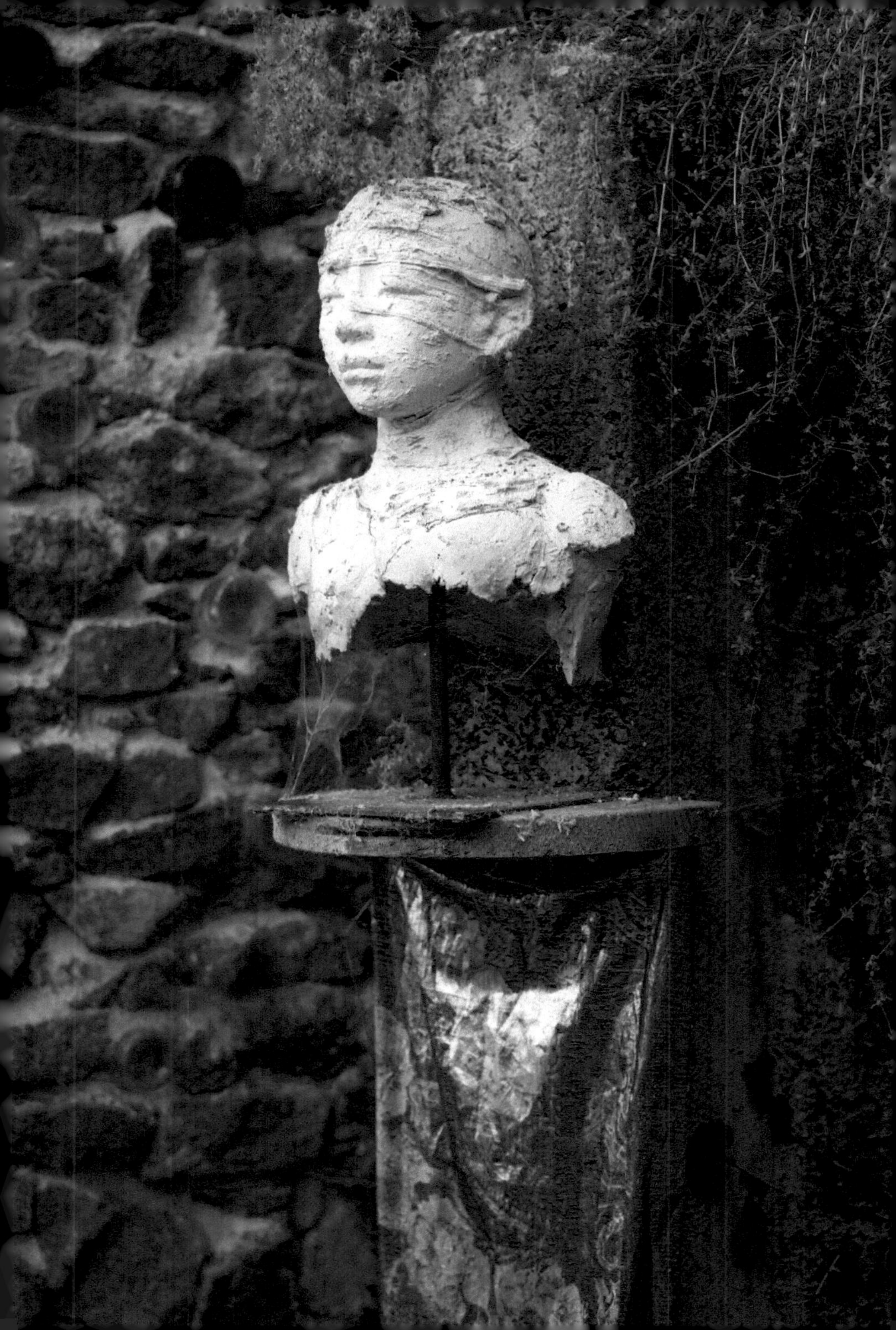

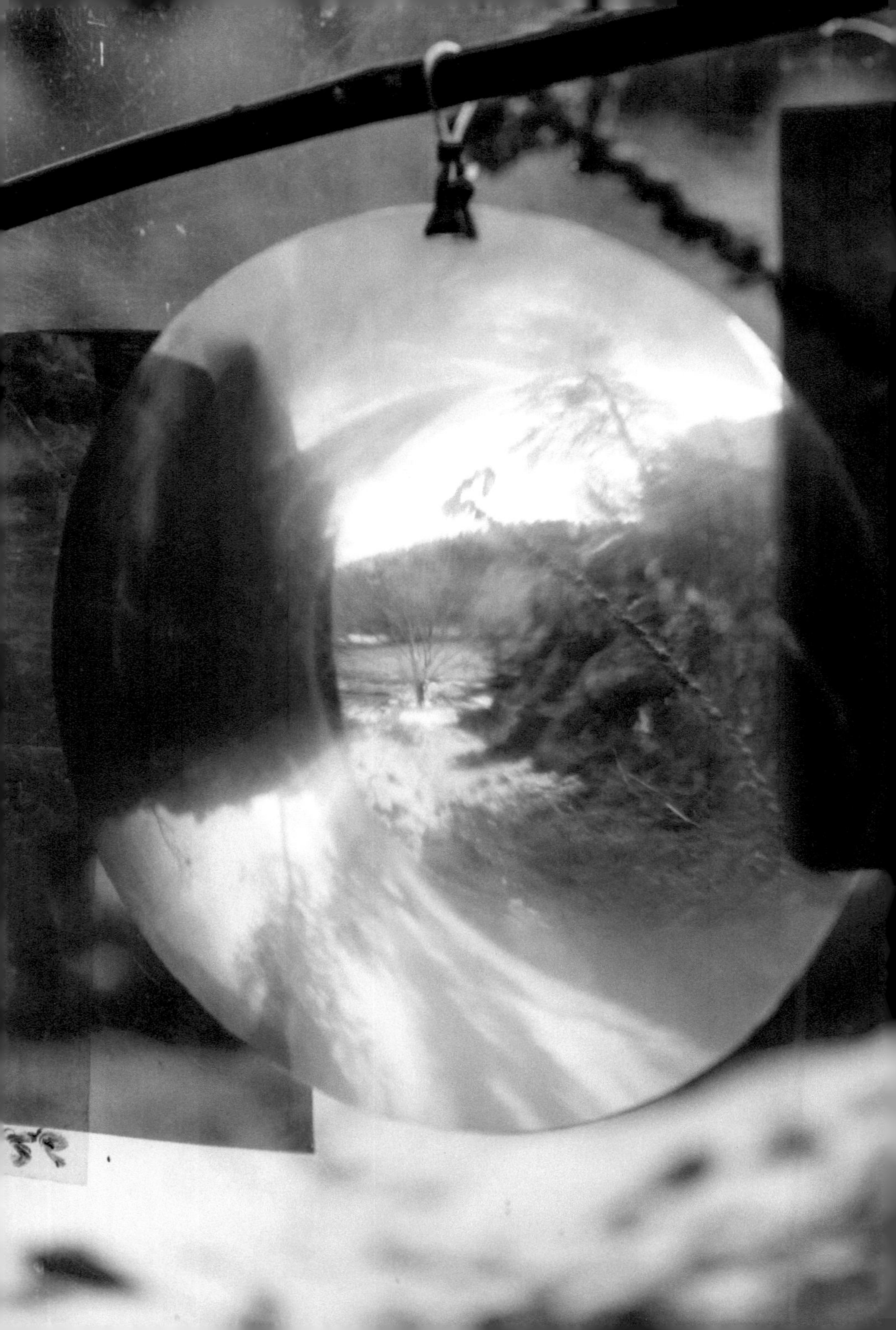

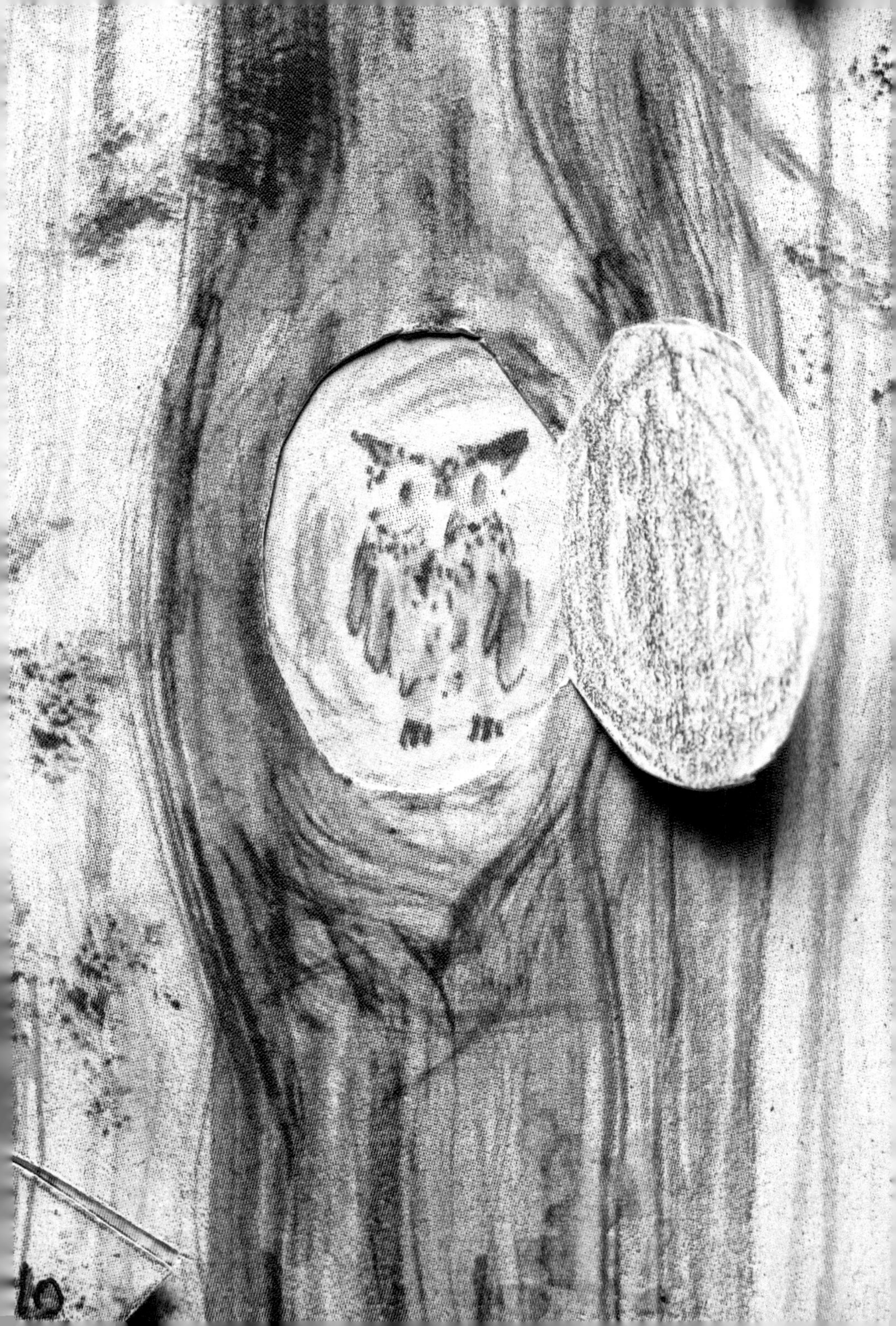

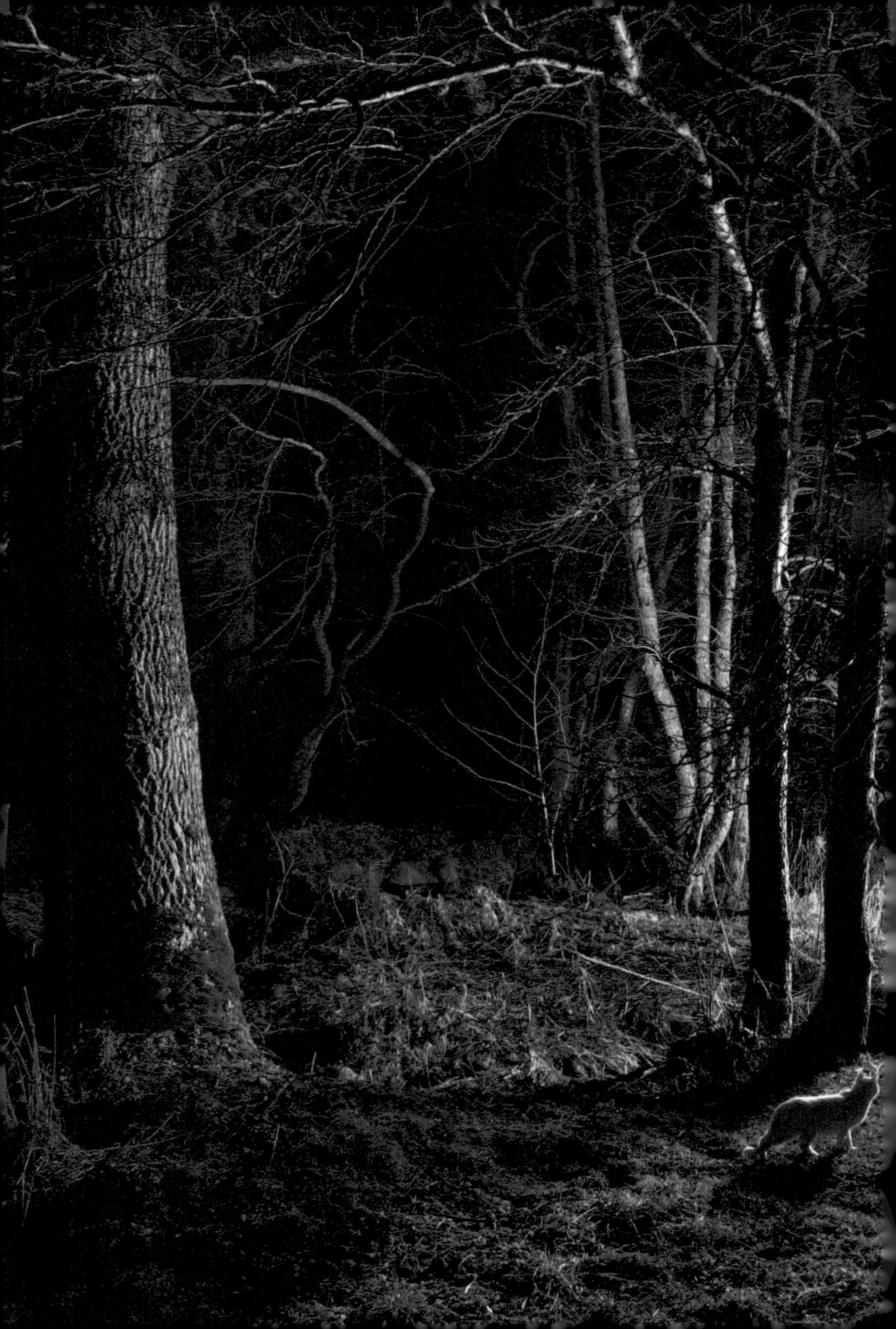

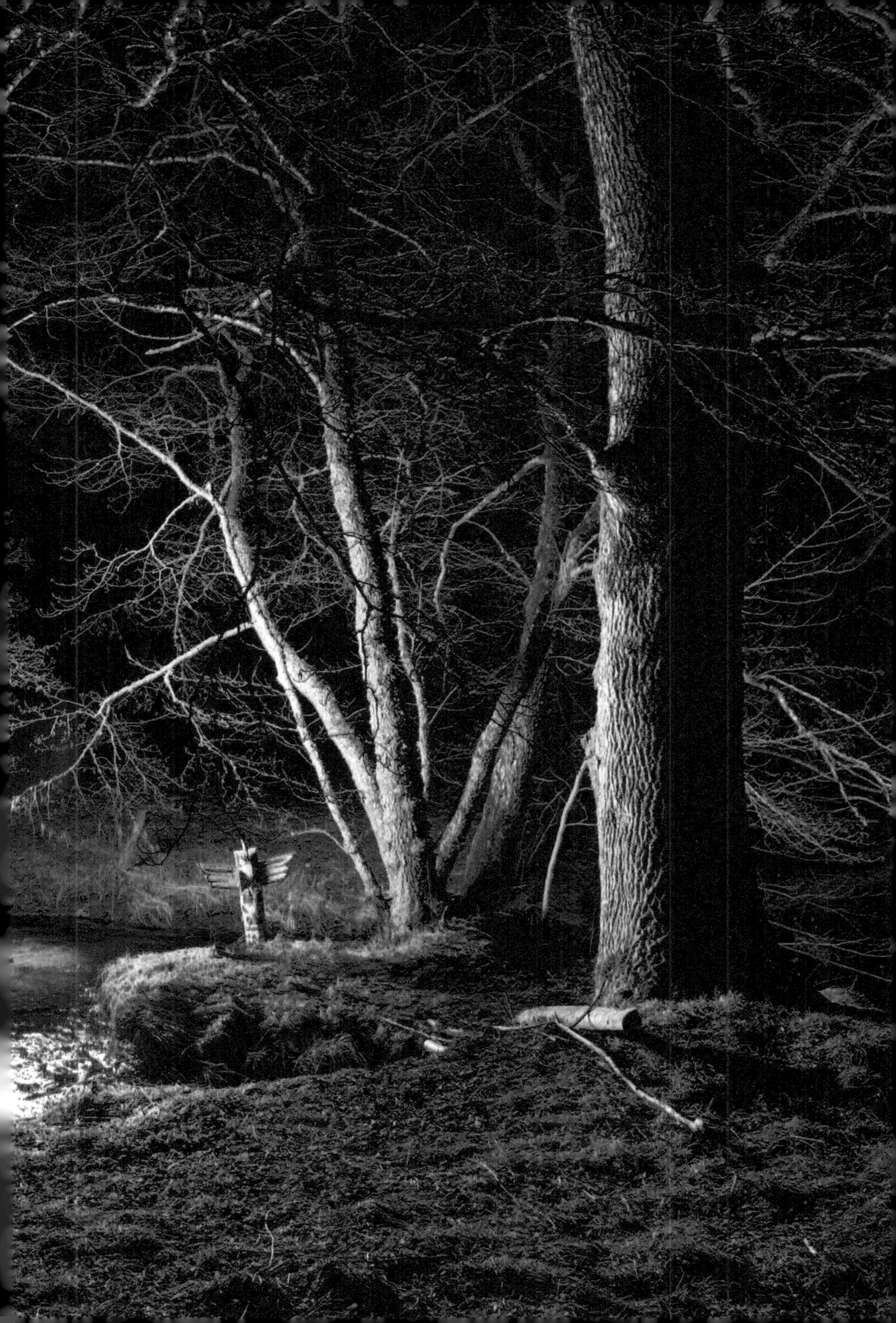

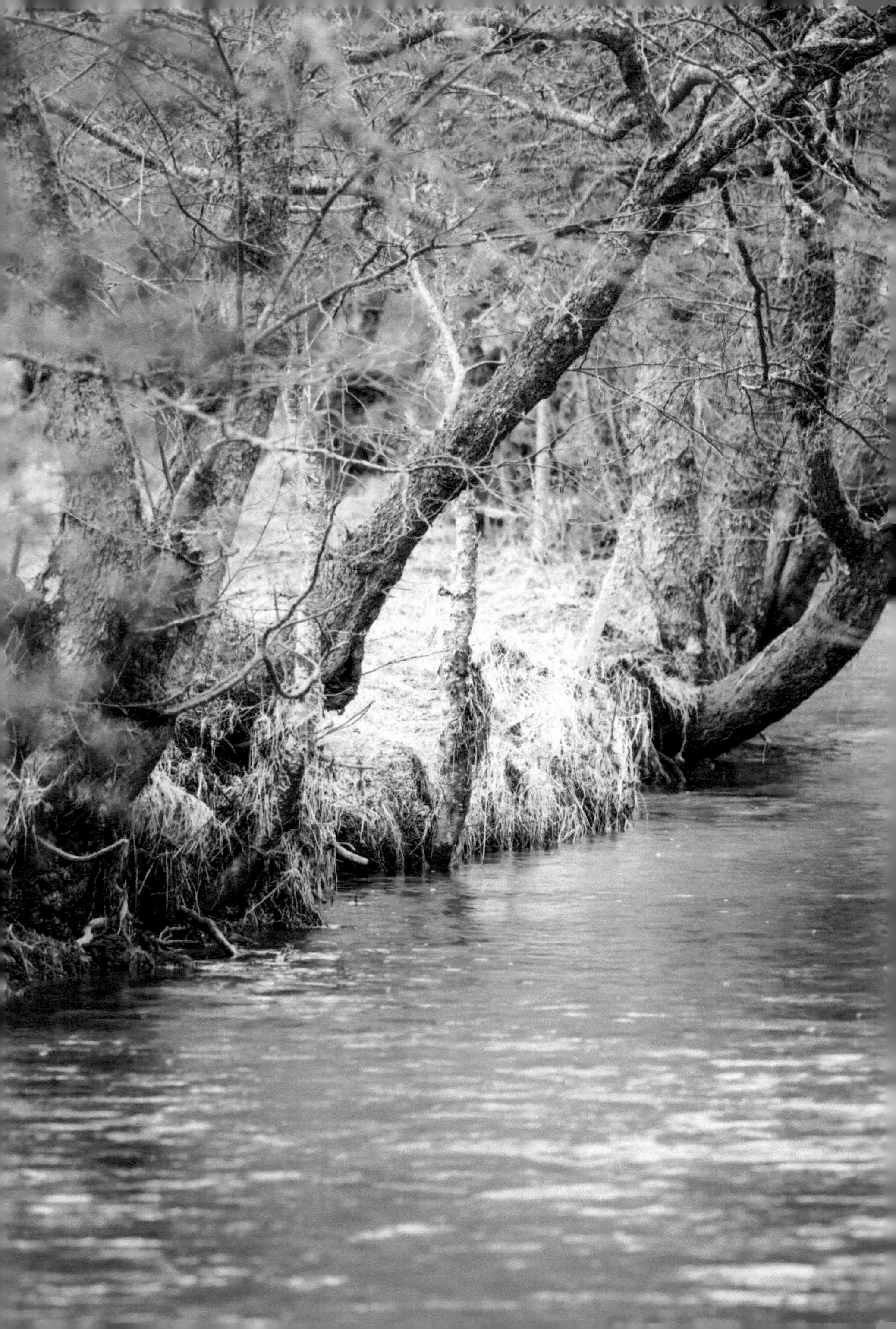

Die Autorin

Marie-Luise Könneker, 1945 in Remlingen/Deutschland geboren, studierte Neuere deutsche Literaturwissenschaft, Linguistik und Psychologie in Westberlin, 1973 bis 1982 lebte sie im Atelier des Künstlers Gernot Bubenik, promovierte 1975, ist Mutter einer Tochter und eines Sohnes. Von 1984 bis 2019 lebte und arbeitete sie mit Esther Fischer-Homberger in Bern. 1998 wurde sie mit dem Literaturpreis der Stadt Bern ausgezeichnet. Ihre literarische Schilderung »Asseblick« bekam 2014 den Literaturpreis des Kantons Bern.

Der Fotograf

Ernst Fischer wohnt in Bern und New York. Er ist ausgebildeter Filmemacher und reformierter Auftragsfotograf, schoss einst internationale Werbekampagnen für VW, American Express, Land Rover, Volvo, O2, Renault, Ford u.s.ä. und hat ausgiebig in Zeitschriften publiziert. Seine Kunst treibt sich mit Video, Installationen, Plastischem und Schreiben, immer schwergewichtig aber mit Fotografie der konventionellen wie subvertierten Art um.

Wir danken der Stadt Bern und dem Kanton Bern für die freundliche Unterstützung.

Kultur **Stadt Bern**

SWISSLOS
Kultur Kanton Bern

Der verlag die brotsuppe wird vom Bundesamt für Kultur mit einer Förderprämie für die Jahre 2016 – 2024 unterstützt.

www.diebrotsuppe.ch
ISBN 978-3-03867-066-7

Alle Rechte vorbehalten
©2022, verlag die brotsuppe, Biel/Bienne
Lektorat, Layout und Umschlag: Ursi Anna Aeschbacher, Biel
Fotografie: Ernst Fischer, Bern
Druck: CPI Clausen & Bosse, Leck